MAIGRIR SANS OBSESSION
est le deux cent quarantième livre
publié par Les éditions JCL inc.

Données de catalogage avant publication (Canada)

Forget, Raymonde, 1950-

Maigrir sans obsession

(Collection Psy populaire)

ISBN 2-89431-240-7

1. Régimes amaigrissants. 2. Aliments - Aspect psychologique. 3. Habitudes alimentaires. I. Titre. II. Collection.

RM222.2.F67 2000 613.2'5 C00-941763-X

© Les éditions JCL inc., 2000

Édition originale : novembre 2000

Tous droits de traduction et d'adaptation, en totalité ou en partie, réservés pour tous les pays. La reproduction d'un extrait quelconque de cet ouvrage, par quelque procédé que ce soit, tant électronique que mécanique, en particulier par photocopie ou par microfilm, est interdite sans l'autorisation écrite des Éditions JCL inc.

Maigrir sans obsession

Une approche
pour maîtriser son poids...
autrement

© Les éditions JCL inc., 2000
930, rue Jacques-Cartier Est, CHICOUTIMI (Québec) G7H 7K9
Tél.: (418) 696-0536 – Téléc.: (418) 696-3132 – www.jcl.qc.ca
ISBN 2-89431-240-7

RAYMONDE FORGET

Maigrir sans obsession

Une approche pour maîtriser son poids... autrement

LES ÉDITIONS JCL

Nous reconnaissons l'aide financière du gouvernement du Canada par l'entremise du Programme d'aide au développement de l'industrie de l'édition (PADIÉ) pour nos activités d'édition. Nous bénéficions également du soutien de la SODEC et, enfin, nous tenons à remercier le Conseil des Arts du Canada pour l'aide accordée à notre programme de publication.

Table des matières

Avant-propos

Longtemps, j'ai été à la recherche d'une approche, d'une méthode pour arriver à la maîtrise de soi face à la nourriture sans passer par le sempiternel contrôle des calories dans l'assiette. Ce qui amène souvent à l'obsession du « légal » et du « défendu ». C'est en essayant différentes approches, en étant déçue de tant de régimes qui menaient à la souffrance morale, que j'ai décroché. Oui, c'est important de manger en qualité pour bien nourrir son corps et c'est aussi important d'être bien dans sa peau, de se respecter. Et... c'est bon de savoir que nous avons tout ce qu'il faut à l'intérieur de nous pour atteindre les objectifs qui nous tiennent à cœur, sans nécessairement passer par des régimes fades et difficiles.

Une première parution de ce livre en 1992 fut un succès immédiat, car je crois bien qu'il répondait à un besoin pour les personnes fatiguées de suivre des régimes. La demande fut tellement forte au cours des années que la première édition s'est complètement épuisée.

Pour répondre à une demande croissante de gens qui veulent vivre dans un corps qui leur plaît, j'ai réécrit et amélioré la première version, en me basant sur mon expérience en tant que psychothérapeute en PNL. Ce livre a pour but d'aider davantage, d'une manière concrète, les personnes à se prendre en main jour après jour.

Vous y trouverez le programme que j'ai développé au cours de nombreuses années de recherche et d'expérimentation. Je l'ai testé d'abord sur moi-même, et ensuite, structuré avec des outils d'approches thérapeutiques et de performance. J'ai pu aider quantité de gens, en consultation privée, à se sortir de l'impasse des régimes et à atteindre un objectif, un rêve de vie d'avoir un poids-santé et une silhouette agréable tout en étant dégagé de l'obsession de la nourriture.

Les techniques de changement suggérées dans les prochains chapitres sont inspirées de la Programmation neurolinguistique. La PNL, nouvelle science de la communication et du changement qui a fait ses preuves depuis 25 ans, est particulièrement efficace pour réaliser ses objectifs et se transformer intérieurement.

Maigrir, c'est facile si on s'en tient à un régime! Mais c'est après que le vrai défi commence. Atteindre et maîtriser un poids-santé tout en se sentant bien dans sa peau demande un travail plus complexe et moins stupide que le simple contrôle de calories. La PNL vous aidera dans cette quête de réussite comme elle m'a aidée et aidé une multitude de gens d'une manière extraordinaire.

Mieux vous comprendre, développer de nouvelles stratégies face à la nourriture afin d'acquérir la maîtrise de votre poids seront des thèmes développés tout au long de ce livre et ce, étape par étape.

Ces outils vous permettront d'améliorer votre silhouette dans une large part. De plus, en réapprenant à faire confiance à votre corps, en communiquant mieux avec vous-même pour atteinte votre objectif, vous aurez en main des moyens pour être de plus en plus heureux.

Désormais, nous pouvons avancer et nous réaliser de manière harmonieuse dans la joie et le respect. Voilà ce que ce livre vous propose.

Avis aux lecteurs

Cet ouvrage peut vous aider à mieux comprendre votre attitude face à la nourriture et cerner vos stratégies internes et vos mécanismes d'auto-sabotage.

Par ailleurs, je vous conseille de consulter votre médecin avant de commencer à appliquer les consignes sur la nourriture si vous prenez des médicaments ou si vous devez vous astreindre à sélectionner certains aliments ou carrément en éviter d'autres pour cause de maladie.

Lisez ce livre, consultez votre médecin et, après, vous pourrez expérimenter ces consignes.

Quant à modifier ses stratégies mentales et développer ses forces intérieures, il n'y a aucune contre-indication. Ces techniques sont applicables dans tous les domaines de notre vie. Pourquoi empirer son sort quand on pourrait l'améliorer!

Par ailleurs, je ne parlerai aucunement du type de nourriture qu'il faut manger. Je suppose que vous le savez déjà. Il existe une multitude d'approches nutritionnelles pouvant aider : selon les types glandulaires, selon les types sanguins, la méthode du juste milieu, la méthode Montignac et des conseils très précieux que vous pouvez recevoir grâce à la diététique ou la naturopathie. Je les connais toutes et en ai même expérimenté plusieurs.

Sauf qu'elles ressemblent toutes à un régime. Voilà le hic!

Il vaut mieux commencer par retrouver la paix de l'esprit, la libération de l'obsession et, après, vous faire un programme alimentaire inspiré de l'approche qui vous conviendra le plus. C'est votre choix et non celui des autres.

En plus d'être en contact avec leurs forces intérieures et de voir changer leur silhouette pour le mieux, les personnes que j'ai suivies, en tant que psychothérapeute, ont spontanément choisi un style d'alimentation qui leur convenait pour continuer par eux-mêmes vers la voie de l'harmonie. Le plus important, c'est de se changer « soi » d'abord. Après, le reste (du point de vue de l'alimentation) viendra de lui-même.

Introduction

La meilleure façon
de se libérer d'une tentation,
c'est d'y succomber.

Oscar Wilde

On me demande souvent : avez-vous déjà été grosse? Quand je réponds qu'effectivement, j'ai déjà eu un surplus de poids, peut-être pas excessif, mais néanmoins assez désagréable pour repenser ma façon de vivre, d'être et d'agir, les gens sont assez surpris, surtout quand ils me voient remplir mon assiette, manger du dessert et avaler ce que je veux, en respectant mes goûts et ma faim.

Avant d'en arriver à maîtriser mon poids d'une façon définitive, j'avoue avoir essayé pendant une vingtaine d'années des régimes qu'on disait miraculeux, des diètes prometteuses, étonnantes ou encore des recettes fantastiques pour réaliser finalement, après toutes ces années de frustrations, qu'il y avait bien quelque chose qui ne marchait pas. Mais quoi?

Pourtant, je suivais ces programmes amincissants à la lettre! Que de temps j'ai passé à penser à maigrir et à garder une silhouette mince avant d'arriver à un poids-santé stable, de manière douce et sans trop d'effort.

Dès l'âge de 14 ans, j'ai pensé, réfléchi, agi et réagi en fonction de la nourriture et de la minceur, mon objectif ultime. Je m'interrogeais continuellement : qu'est-ce que je pouvais manger, qu'est-ce que je ne devais pas manger, qu'est-ce qui était permis de manger? Bref, un contrôle constant, fatigant, car le goût que j'avais de tricher était aussi omniprésent. C'était un combat perpétuel et infernal!

De ce combat continuel, « manger ou ne pas manger », je n'en pouvais plus. Je voulais être mince, bien dans ma peau, et à mille lieues de la nourriture, ne plus en avoir envie, et... je ne pensais qu'à cela.

J'en avais assez du contrôle continuel, de tout vérifier ce qu'il y avait dans mon assiette, dans le frigo ou même dans l'assiette de mon voisin ou voisine de table. Pourquoi leur assiette était-elle bien remplie alors que moi je devais me restreindre! Eux semblaient exempts de ce que je subissais constamment à l'intérieur de moi.

J'en voulais pratiquement aux petites « maigres » qui mangent tout ce qu'elles veulent sans prendre une once. Je trouvais très injuste qu'elles puissent manger à leur faim et même manger du dessert si elles le désiraient.

Il me semblait que la seule vue de la nourriture, d'un gâteau ou de frites pouvait me faire prendre un kilo.

D'autre part, en ces temps-là, la nourriture était une compagne bien présente, soit pour me consoler, me désennuyer, me récompenser ou encore pour festoyer ou décompresser. La joie, la tristesse, l'ennui, le vide passaient par cette compagne disponible qu'est la nourriture. Et même la fatigue, pensais-je, pouvait être combattue par les aliments. Vous savez, un petit remontant de fin d'après-midi... (En fait, j'accentuais davantage ma baisse d'énergie, sans le savoir!)

Peut-être vous reconnaîtrez-vous dans ce combat contre les calories. Habituellement, dans ces moments-là, nous pensons avoir un allié de taille : je parle de ce petit appareil carré, placé dans la salle de bain, bien en évidence, témoin de notre disgrâce ou de notre victoire sur la nourriture.

Le pèse-personne. Son aiguille avait le rôle principal d'indicateur de mes pensées, de mes sentiments et de mes émotions. Ma vie était contrôlée par un appareil complètement insensible à mes efforts pour améliorer ma silhouette. Comme d'autres par les aiguilles d'une montre dans leur vie, cet instrument commandait ma pensée.

Je passais une bonne ou une mauvaise journée, j'étais heureuse ou malheureuse, frustrée ou joyeuse selon que l'aiguille était allée à gauche ou à droite, deux livres de plus ou de moins. Ma vie n'en tenait qu'aux fluctuations de cette aiguille! Absurde, n'est-ce pas, quand on sait que certains jours, on retient plus d'eau. D'autres jours, si on fait de l'exercice, la masse musculaire étant plus importante, le poids augmente, mais le corps reste le même et d'autant plus ferme et mieux modelé. La balance ne fait pas de différence entre l'eau et la masse musculaire. Pourtant, d'une certaine manière, la balance était pour moi, pensais-je à ce moment-là, une motivatrice mais aussi une excellente démotivatrice, me laissant un goût amer qui me portait même à vouloir laisser tout tomber.

Dans ma période « ultra-diététique », ainsi donc, je contrôlais chaque calorie, chaque gramme ingéré. Malgré le fait que j'avais trois beaux enfants en bonne santé, un mari qui réussissait très bien, une belle grande maison dans un environnement calme et paisible pour élever une petite famille, je n'en profitais pas réellement. Malgré toute cette belle qualité de vie et les plaisirs qui s'y rattachent : amis, voyages, objets de luxe... je n'en profitais que très peu, obnubilée que j'étais par les calories, par l'obsession de la minceur et les onces perdues ou retrouvées.

Dans notre société du XXIe siècle, on nous fait croire que le bonheur vient avec la minceur. Que d'être mince, c'est être heureux. La publicité et les revues de mode entretiennent cette idée aberrante.

On y voit de belles femmes, jeunes, minces, réussir en affaires, faire de l'exercice comme une athlète, être une mère attentive prévoyant les repas pour toute la famille, courir pour faire les emplettes, surfer sur Internet le soir après avoir raconté une histoire à ses enfants pour qu'ils puissent s'endormir. Bien sûr, elles ont une peau de pêche, maquillée divinement! Comment font-elles pour arriver à tout faire ça avec le sourire et de la patience tout en mangeant pour ainsi dire presque rien! Ou elles sont continuellement affamées et fatiguées ou rien de tout cela n'est vrai!

J'ai essayé. Il fallait être parfaite. Bonne mère, attentive tout en réussissant professionnellement. Les mères ont la responsabilité de la santé de la famille, d'équilibrer les repas, les rendre nutritifs, économiques, attrayants, et la femme doit pratiquement jeûner. Avoir le nez tout le temps dans la nourriture et ne pas pouvoir manger!

Quelle torture! Combattre sans cesse entre repas attirants et délicieux et garder la ligne! Et il n'y a pas que les femmes qui sont concernées. Nombreux sont les hommes, pères de famille, qui sont confrontés de plus en plus à ce dilemme.

Les gens d'affaires ont aussi cette obligation d'être mince ou de rester mince. Minceur et forme athlétique projettent une image de succès, de volonté, de capacité de prendre en main les situations, et ce, tout en brassant des affaires au resto. Quel paradoxe!

Quelles exigences ne nous impose-t-on pas, afin de répondre aux diktats d'une société qui nous amène à consommer de plus en plus et nous met dans l'obligation d'être mince pour plaire? Consommer et ne pas manger.

Manger et ne pas prendre du poids. Il y a de quoi devenir fou ou folle!

Bref, je suis tombée dans ce piège déjà. Je me pesais trois fois par jour. Je souffrais de la faim, je me détestais et je me trouvais laide. Rien en moi ne me semblait correct, sauf, peut-être, la couleur de mes yeux. J'aurais voulu changer mon apparence. Comme je l'ai mentionné plus haut, j'ai commencé à l'âge de 14 ans. Plus tard, lorsque j'étudiais à l'Université de Montréal, en ergothérapie, je m'intéressais particulièrement à la diététique. Et, tout en suivant religieusement un régime à 1 000 calories par jour, j'étudiais le contenu calorique de chaque fruit, légume, viande et aliments défendus. Finalement, comme tous ceux qui me consultent, je connaissais tout cela par cœur. Et comme eux, ce n'est pas parce que je le savais, que j'arrivais à me restreindre et retrouver un poids-santé.

Dans la vingtaine, j'ai à peu près tout essayé : régimes hypocaloriques, régimes à 500 calories par jour accompagnés d'injections d'hormones, régime aux protéines liquides (que je n'ai pas suivi longtemps, ça me donnait la nausée), les combinaisons alimentaires, Scarsdale et cie. Évidemment, j'ai maigri. La diète aux injections m'avait amenée à un poids minimal. J'étais ultramince. Mais j'avais l'aspect d'un cadavre ambulant, avec d'énormes cernes noirs sous les yeux... à faire peur. Et je passais à côté des belles choses de la vie.

On se dit à ce moment-là : « Quand je serai mince, ça

va bien aller. Mon mari sera plus attentif. Ça ira avec les enfants. J'aurai plus de patience. Je serai populaire. Je serai plus sûre de moi. Je vais sortir plus souvent. » Mais voilà... Chaque fois que je maigrissais, mes enfants restaient des enfants, mon mari était toujours aussi occupé et je devais continuer tout autant de faire à manger et accomplir les tâches routinières pour la famille.

La vie ne s'était pas teintée de rose tout à coup. Ce n'était pas plus drôle parce que j'étais devenue mince.

La perte de poids n'avait rien à voir avec le bonheur. Et ce nouveau poids, difficile à maintenir, finissait par m'échapper car, étouffée par de nouvelles exigences, comment pouvais-je faire pour tout accomplir? Et je recommençais à grignoter, à tricher, me retrouvant inexorablement avec un poids de plus en plus lourd. On regagne le poids perdu et plus encore...

Un jour, j'ai lu une phrase d'Oscar Wilde : « La meilleure façon de se libérer d'une tentation, c'est d'y succomber. » Pour moi, ce fut comme un choc, une grande découverte. Était-ce possible que la tentation de la nourriture qui prenait toute la place dans ma vie pût se régler en y succombant? (Ici, je tiens à faire remarquer que je n'applique cette citation qu'au contexte de la nourriture. Si on connaît un tant soit peu le style de vie qu'avait Oscar Wilde...! C'est tout dire.)

Ainsi donc, je testai cette citation dans ce que j'appréhendais le plus : c'est-à-dire tricher, me contenter, tomber dans les aliments défendus. À ce moment de ma vie, j'étais très friande de gâteau au fromage, mais aussi je m'en privais constamment.

Donc, un jour, je plonge. Après avoir pris un petit déjeuner diète (j'étais toujours au régime!), que vous reconnaissez sûrement : café noir, œuf poché, toast sans beurre, un demi-fruit, je me suis permis mon gâteau préféré (ma tentation) dans l'avant-midi. Puis, je me suis rendu compte qu'à midi, je n'avais pas faim. J'ai attendu d'avoir faim et j'en ai mangé un autre morceau vers 15 heures au restaurant. Cette fois-ci, le goût de dévorer était à un degré moindre, et rendue au soir, j'avais plutôt envie de manger salé. Je pouvais attendre pour mon « cheese cake ». Quelques jours plus tard, une amie, me connaissant bien, m'en a offert un, complet, immense et savoureux à souhait. Croyez-le ou non, je n'en avais plus envie! Alors, aussi simple et bizarre que puisse paraître cette phrase d'Oscar Wilde, elle m'a fait comprendre beaucoup de choses! Et j'ai continué d'en faire l'expérimence aux repas, aux collations où je me demandais si j'avais vraiment faim. Même quand je me disais qu'il fallait faire de l'exercice ennuyeux et souffrant! Je me demandais : « En ai-je vraiment le goût? » En me dégageant de l'obsession et en respectant mes envies de nourriture, mon corps m'a amenée vers la nourriture adéquate pour ma santé, vers des quantités raisonnables pour mes besoins énergétiques et vers l'exercice qui me convenait le mieux. Bref, vers un poids-santé harmonieux et une forme physique agréable. La première chose que j'ai constatée, c'était la joie et l'énergie que je ressentais. Merveilleux et surprenant. Et, autre grande surprise, j'avais perdu du poids... même si j'avais mangé ce dont j'avais vraiment le goût dès la première semaine. Et cela a continué.

Comme la vie est généreuse quand nous commençons à ouvrir notre esprit à d'autres idées! En 1985, je suis tombée littéralement, lors d'un week-end d'études, sur une nouvelle science de la communication et du changement : la Programmation neurolinguistique. La PNL (c'est plus facile et plus court de la nommer ainsi) propose des outils de communication pour améliorer nos relations avec les autres et avec soi-même, ainsi que des stratégies de changement rapides et efficaces (comble du bonheur pour moi). Je les appliquai à mon obsession de la nourriture et de la minceur. Au fil des mois, j'ai senti une libération, un dégagement, et j'ai vu la joie de même qu'une silhouette harmonieuse réapparaître dans ma vie. Ce qui est encore plus intéressant, c'est que j'ai conservé ces acquis avec un minimum de vigilance et de bon vouloir. Comme la santé, la minceur est un état dynamique, il faut s'en occuper pour ne pas la perdre!

Depuis ce temps, comme psychothérapeute, j'ai aidé des milliers de personnes en consultation privée, en atelier, en conférence et avec mon premier ouvrage. Cependant, si vous vous attendez à une recette miracle, ce livre n'est pas pour vous. Si vous vous attendez à ce que je vous dise quoi et quand manger, vous serez déçu. Par ailleurs, si vous cherchez un guide pour vous réconcilier avec ce corps qui vous embarrasse, que vous détestez, qui vous amène à manger des aliments que vous savez que vous ne devriez pas manger, alors, ce livre deviendra un ami sur qui vous pourrez compter. Car il vous amènera, pas à pas, sur le chemin de la connaissance, de la compassion et de la sérénité. Vous-même, votre corps et votre dynamique particulière avec la nourriture apparaîtrez sous un jour nouveau. **Vous pourrez arriver à vos fins... sans faim!**

Les prochains chapitres et les dix consignes suggérées changeront votre façon de voir l'assiette qui sera devant vous, que vous soyez au restaurant, à la maison ou en voyage. L'important, c'est de se savoir en contrôle avec la nourriture, seul ou avec d'autres, tout en étant en harmonie avec soi-même. La nourriture est une amie et non une adversaire. Mes clients me disent souvent qu'ils sont comme des alcooliques... mais nous ne pouvons pas nous passer de nourriture. Autant composer avec elle, avec des stratégies efficaces, de la compréhension et de l'astuce. Installez-vous confortablement à la découverte de...

Chapitre 1

Ce que tu redoutes n'arrivera pas...
Il arrivera pire encore...

Jean Rostand

Se libérer de l'obsession de la nourriture

Selon le *Petit Larousse*, une obsession est une idée fixe qui s'impose à l'esprit, indépendamment de la volonté, et à laquelle le sujet revient sans cesse.

N'est-ce pas ce que vivent les gens suivant un régime : ils ne pensent qu'à MAIGRIR et à MANGER. Ils canalisent généralement toutes leurs énergies à trouver une méthode, une recette miracle. Ils sont prêts à faire énormément de sacrifices, à souffrir même, pour perdre quelques kilos. Dieu sait combien ils ont de la volonté. C'est extraordinaire de les voir recommencer encore et encore pour en arriver à de piètres résultats, particulièrement dans le cas des personnes qui sont rendues au 10e ou au 20e régime!

Je sais très bien pour l'avoir vécu moi-même : on commence souvent le lundi matin. La veille, déçu de nous-même, nous avons pris la résolution de faire un régime, de faire attention dès le début de la semaine. Très souvent, à ce moment-là, le dimanche soir, on enfile un repas énorme incluant tout ce qui sera défendu. Vous savez, toutes ces bonnes choses que nous n'aurons plus jamais le droit de manger! Par exemple : le fromage triple gras onctueux ou le merveilleux spaghetti gratiné épais et un fameux gâteau pour dessert avec de la crème 35 %! N'est-ce pas, avec une telle description, que c'est facile de se faire des images mentales de bonne bouffe, tout en se disant : « Inutile d'y penser, c'est défendu. » Mais l'image persiste. C'est l'obsession de la nourriture finalement.

Ces repas du dimanche soir, que j'appelle « repas du condamné », font drôlement prendre une surdose de nourriture inutilement. Tout cela parce qu'on s'est dit qu'on allait commencer un régime. La meilleure façon de prendre du poids, c'est de vouloir commencer un régime, n'est-ce pas aberrant? Pour plusieurs personnes, cette situation se représente chaque dimanche soir. Ainsi, l'idée fixe ne nous abandonne pas pour autant. On veut toujours maigrir. Plus cette obsession se développe, plus notre dose de frustration augmente. Car plus c'est défendu, plus l'image et le goût de la nourriture restent présents. À la vérité, ça devient omniprésent dans notre tête.

Un principe dit : Entre la raison et l'émotion, tôt ou tard, l'émotion gagnera...

Entre la raison et l'image, tôt ou tard, l'image gagnera...

Quand j'étais jeune, nous disions : « L'amour, c'est plus fort que la police! » Une façon très imagée de résumer ce principe qui se reflète très bien dans la nourriture.

Et voilà ce qui arrive : moins on veut manger, plus on pense à la nourriture. Plus on pense à la nourriture, plus la vie devient insupportable. Comme c'est frustrant de voir manger les autres, de sentir des fumets odorants sans pouvoir y accéder (parce que nous nous le défendons). Les bonnes intentions s'envolent quelques heures ou quelques jours plus tard et nous succombons avec beaucoup de remords et de culpabilité. On mange enfin tout en étant malheureux. Le cercle vicieux et infernal recommence : bonnes intentions, dernier festin, régime, souffrances, frustrations, rechute...

Ce petit aperçu de l'obsession de la nourriture, vous le reconnaissez...

Pour plusieurs d'entre vous, les bonnes intentions sont là. Cependant, sans le savoir, vous enclenchez des mécanismes qui vous sabotent et vous êtes les premiers étonnés d'avoir mangé autant sans avoir réellement eu faim. C'est comme si une partie de vous travaillait dans le sens contraire de votre volonté. Imaginez, vous pourrez arriver à changer ces mécanismes!

Commençons par cette analogie. Comparons un régime à un terrain gazonné au printemps. Chaque année, on y trouve souvent des pissenlits. Pour s'en défaire facilement, il y a un moyen simple. C'est de passer la tondeuse. Peine perdue : une semaine plus tard, ils reviendront en force et en plus grand nombre, très vite. On sait que pour s'en débarrasser pour toute la saison estivale, selon les horticulteurs expérimentés, c'est d'enlever la carotte de la plante. Cela demande un peu plus de patience, mais le résultat en vaut la peine. Une fois les carottes enlevées, les pissenlits ne reviendront plus. C'est un travail méticuleux, me direz-vous, mais le résultat en vaut l'effort. Dans la vie, la plupart de ceux qui ont un problème de poids tentent de le régler rapidement. On voudrait que ça se passe du jour au lendemain. On pense aussitôt aux moyens les plus connus et les plus répandus. Les diètes, les régimes ou tout autre procédé de privation aux promesses mirifiques. Je les compare ici à la tondeuse, ces moyens pour faire disparaître la graisse, mais ça ne dure pas longtemps. Comme le pissenlit, la graisse reviendra rapidement et plus encore. Ce n'est pas parce qu'on réduit la nourriture en vivant de fortes restrictions alimentaires que l'on va régler le problème de surplus de poids. On a tellement faim qu'il est difficile de supporter une telle situation à long terme. Dès que se présente une légère occasion de déroger, on devient très vulnérable, on y goûte un peu, beaucoup et c'est reparti, on recommence à manger de façon débridée. Chassez le naturel, il revient au galop!

Vous avez sans doute déjà suivi des régimes de type Weight Watchers ou autre. Pour certaines personnes, c'est un programme très utile, car elles apprennent à bien s'alimenter (quoi manger, quand manger). Ces régimes modifient les comportements alimentaires. Je ne nie pas que ce soit efficace pour certains. Cependant, avoir des carottes et des céleris continuellement à portée de la main contribue au fait de garder l'habitude de manger sans nécessairement changer d'attitude face à la nourriture. C'est peut-être intéressant de pouvoir calmer une fringale, mais l'habitude de manger pour toutes sortes de raisons reste. L'hyperconsommation d'aliments fades est permise. Exemple : je ne sais pas quoi faire, je peux grignoter quelque chose qui ne fera pas engraisser! C'est bien beau tout ça. Cependant, j'ai remarqué que les gens minces qui ont un poids stable ne mangent pas continuellement entre les repas. Voilà de qui il faut apprendre les bonnes stratégies...

Il y a déjà ici quelque chose à corriger. Toutes les modifications de comportements, comme cacher les biscuits dans des récipients opaques, toujours manger dans la cuisine, déposer sa fourchette entre chaque bouchée peuvent certainement aider, mais quand je vis une situation de stress ou que j'invite des amis à souper, ces comportements vont être rangés aux oubliettes assez rapidement, s'ils ne sont pas parfaitement intégrés.

Il faut aller plus loin. Changer un comportement ne suffit pas, à mon avis, à contrôler ce qu'il y a dans mon assiette. Entendons-nous, manger en qualité sera toujours primordial. Je suis persuadée que vos connaissances à ce sujet sont très étendues et ce n'est pas parce que l'on sait quelque chose qu'on le fait systématiquement, n'est-ce pas? Donc, prioritairement, il faut restructurer sa façon de penser. Reprogrammer ses façons d'agir, piloter son cerveau. Bien sûr, on peut prendre les grands moyens pour maigrir en arrêtant systématiquement de manger. La plupart des gens que j'ai connus, ayant déjà jeûné, avaient repris le poids perdu très rapidement et plus encore! Au lieu de grands moyens douloureux, voici des stratégies accessibles et gagnantes...

Posons-nous donc quelques questions. Pourquoi mange-t-on autant et si souvent? Dans notre quotidien, quels sont les comportements ou situations qui nous incitent à manger? Comment se défaire de cette obsession de la nourriture?

Regardons ensemble le problème sous un autre angle. Ainsi, sans vivre d'éternels régimes et subir le contrôle de la nourriture, vous arriverez enfin à atteindre votre poids-santé et à le maintenir.

La nourriture, c'est une source de vie, une nécessité, un besoin. Les repas sont des moments de belle communication, d'échange et de partage. Pourquoi s'en passer? Les régimes et diètes vont à l'inverse de la nature humaine et de l'équilibre de notre corps.

Se donner des commandes positives

Imaginons que votre cerveau fonctionne comme un ordinateur. On sait que le cerveau est des centaines de milliers de fois plus complexe qu'un ordinateur, mais prenons quand même cette analogie.

Un ordinateur ne prend que des ordres positifs. Je ne peux pas imposer à un ordinateur de ne pas me sortir tel ou tel programme. Il veut savoir ce que je veux... et non pas ce que je ne veux pas. De toute évidence, comme mon cerveau, il ne prend pas les commandes négatives.

Je vous donne un exemple : je ne veux pas que vous pensiez à une petite souris verte qui court après un éléphant rose. Je ne veux vraiment pas...

Je répète, je ne veux pas que vous pensiez à cette petite souris verte qui court après un éléphant rose...

Qu'est-ce qui s'est passé dans votre tête? Vous l'avez vue, n'est-ce pas, cette petite souris? Pourtant, je ne le voulais pas. Phénomène intéressant...

Il en est de même des ordres que vous donnez à votre cerveau pour la nourriture défendue. Si vous vous dites : « Je ne mangerai jamais plus de frites ou de chocolat », le cerveau garde l'image ou l'idée des frites ou du chocolat. Et on s'étonne de ne penser qu'à ça!

Le fait est que le cerveau ne peut capter le « ne pas » et prend systématiquement le reste de la phrase. Ceci est prouvé depuis fort longtemps. Ainsi, je ne mangerai pas de frites sauce pour le lunch se traduit par : « Je mangerai des frites sauce. » Au début, on se retient, mais, malgré toute la bonne volonté du monde, tôt ou tard, on succombe à la tentation en répondant à notre désir.

Voilà de bonnes intentions traduites en contre-ordre. Plutôt aberrant, n'est-ce pas?

Un autre phénomène se passe aussi avec le « ne pas ». Ceci nous ramène à l'époque de notre petite enfance, quand nous avions environ deux ans, et que nous commencions à nous affirmer face à nos parents par une série de « non ». Les commandes telles que « ne fais pas ceci ou cela » réactivent notre jeune partie rebelle. Voici une première explication d'un comportement d'auto-sabotage pour mieux le comprendre. C'est un début et c'est très important d'y porter attention, car nous créons à l'intérieur de nous un combat systématique sans le vouloir et avec de bonnes intentions. Alors, si je veux perdre du poids, qu'est-ce que je fais avec mon ordinateur de bord? Comment pourrais-je le programmer autrement?

Puisque le cerveau travaille sensiblement comme un ordinateur, je vais lui donner des commandes positives. C'est un premier point très important à retenir. Ensuite, dans le chapitre suivant, nous allons étudier les réactions de notre corps lorsqu'il est devant une tentation. Comment réagira-t-il devant un bon repas, des douceurs ou de la nourriture dite défendue?

Résumé

- ❑ Au lieu d'essayer diète après diète, abordons l'aspect surplus de poids différemment.

- ❑ Comment réagissez-vous face à la nourriture? Voilà le premier point à étudier avant de se restreindre pour maigrir.

- ❑ Je donne maintenant des commandes positives à mon cerveau :

    - Ex. : Je mange lentement et je déguste chaque bouchée.

    - Ex. : Ce soir, je mangerai plus de légumes.

    - Ex. : À chaque repas, je mange de façon plus équilibrée et satisfaisante.

- ❑ Faites l'inventaire de toutes les commandes négatives que vous vous donnez et vérifiez vos réactions. Ex. : Tombez-vous systématiquement dans la crème glacée si vous vous dites que vous n'en mangerez pas?

Chapitre 2

Le plus grand des voyages,
c'est celui que l'on fait à l'intérieur de soi.

Julien Green

Connaître les réactions de son corps

Avez-vous remarqué l'énergie que l'on dépense quand un projet nous tient à cœur? Que l'on peut même faire plusieurs choses à la fois et que, souvent, on oublie de manger? Faim ou pas, on continue. Et de l'énergie, on en a.

Ou, on mange la plupart du temps parce qu'il faut manger, parce que c'est l'heure. Selon ses croyances, on mangera pour ne pas tomber malade, pour rester en forme au travail, pour ne pas perdre ses moyens, pour ne pas être faible ou ne pas avoir mal à la tête. Nous pensons que toutes ces excuses sont valables et nous finissons par manger même si nous n'avons pas réellement faim. Le fait est que nous avons peur d'avoir faim!

Et ceci, à cause des régimes draconiens qui ont complètement bafoué les signaux de la faim et déréglé notre métabolisme basal.

Notre corps, peu importe sa taille ou sa forme, est un très beau cadeau, hautement perfectionné, que nous avons reçu de la vie. Il sait quoi manger, quand manger, quelle quantité, selon ses besoins. Remarquez les bébés. Ils savent quand ils ont faim ou soif. Si nous les écoutons et comprenons vraiment leurs besoins, ce seront des bébés joyeux, pleins d'énergie et en bonne santé.

Nous étions tous comme ces bébés, mais nous avons été faussés quelque part. Peut-être avez-vous été programmé très jeune à satisfaire ou combler vos émotions par la nourriture. Nous avions souvent des mères débordées, qui, pour faire taire un bébé pleurnichard ou inconsolable, lui donnaient un biberon ou un biscuit, peu importe, du moment que le bébé se calme. Beaucoup de solutions ou de gestes d'attention passaient par la nourriture.

Nous ne pouvons blâmer nos mères. Étant moi-même mère de trois enfants, je peux comprendre. C'était l'époque où la marmaille était nombreuse. C'était sauve qui peut. Elles avaient quand même à cœur la santé de leurs enfants. Même si beaucoup d'entre nous vivent avec un excédent de poids aujourd'hui.

Parlant de ce surplus de poids, nous allons y voir, en adulte responsable.

Le corps a les connaissances et les intuitions nécessaires pour répondre à ses besoins. Mais, malheureusement, nous ne l'écoutons pas souvent. Nous écoutons plutôt les commentaires et conseils, apparemment bienveillants, des gens qui nous entourent ou de spécialistes de l'alimentation bien intentionnés!

Pourquoi y a-t-il tant d'échecs aux régimes et aux diètes? D'une part, c'est que nous allons chercher les avis de certains spécialistes d'Europe ou des États-Unis, qui ont décidé qu'un certain régime nous ferait maigrir. Et nous apportons cela dans notre quotidien. Est-ce que cela correspond à une femme au foyer avec trois ou quatre petits enfants qui mangent aux trois ou quatre heures, et qui collationnent le reste du temps. (Je parle en connaissance de cause, quand j'ai le bonheur d'avoir la visite de mes deux petits-fils de quatre et six ans pendant une semaine. J'ai « le nez » continuellement dans la bouffe, et eux ont pratiquement toujours faim.)

Je doute que certains de ces régimes répondent aux exigences énergétiques d'une telle maman, et ce n'est pas davantage une solution pour un ouvrier qui a besoin de beaucoup de calories pour avoir un bon rendement au travail. Ni même pour le professionnel qui doit voyager et, ne disposant pas d'heures de travail régulières, ne peut suivre les règles précises des régimes draconiens.

Bref, en général, ces diètes ne respectent pas tellement les besoins des personnes.

C'est comme si tous les grands magasins décidaient que les Québécois devront porter des pantalons de taille 32 et toutes les femmes, pour bien paraître, des chaussures de pointure 7. Idiot, n'est-ce pas?

La nature produit des arbres géants, des fleurs minuscules, des oiseaux de différentes couleurs et de différentes formes, des marguerites des champs comme des orchidées. Il y en a pour tous les goûts. Les différentes formes et statures font partie de la nature. Et les gens font partie de cette diversité de la nature. Il y en a de différentes formes avec différents métabolismes. Absurde de penser que nous devrions suivre tous le même programme alimentaire.

Je n'ai pas toujours pensé ainsi. Bien avant que je m'aperçoive que notre corps a des besoins et une capacité bien à lui de métaboliser la nourriture, je me haïssais. J'ai tellement haï mon corps que même s'il était en forme, il a lui aussi fini par me haïr. Il s'est vengé à sa manière en me dirigeant vers l'absorbtion de grandes quantités de nourriture.

J'ai commencé à l'adolescence à vouloir maigrir. J'entendais mes frères qui faisaient des réflexions à haute voix sur la minceur des filles. Pour eux, une belle fille, c'était une fille très mince avec de longues jambes effilées. Comme ce n'était pas ma constitution première, ces remarques me touchèrent profondément. Je pensais que tous les garçons pensaient ainsi. Mais j'étais trop jeune pour réaliser que c'était leur point de vue et non ma réalité.

Quand nous commençons un régime, ça fonctionne habituellement bien. C'est une nouvelle perspective, un nouveau défi. C'est un nouvel élan vers un espoir, un avenir meilleur. Nous sommes habituellement très habiles à tout recommencer pour maigrir. Cependant, l'échec nous attend, parce que le corps vit dans un état de famine et il n'aime pas souffrir. C'est pourquoi, généralement, ça ne dure pas longtemps. Ou bien notre corps fonctionne au ralenti et garde la moindre calorie – aucune perte de poids – ou il décroche et c'est la débandade générale. Hourra! Les chips, le chocolat, la crème glacée et la pizza.

Les régimes draconiens et les diètes à basses calories envoient des messages contradictoires à notre corps. Celui-ci est particulièrement trompé, biaisé par ces carêmes bêtes. Quand nous avons faim, défense de trop manger. Même si nous n'avons pas faim, il faut manger de cette nourriture insipide, fade et pâlotte. Et nous voudrions que notre corps soit content de subir tout ça pour se sentir dans le coup. Sans parler des ordres mentaux que l'esprit lui a dictés. Il est totalement déboussolé, le pauvre, et son métabolisme aussi...

Il ne sait plus finalement où se situer par rapport à la nourriture. Tout ou rien? Un peu de bonnes choses, beaucoup de bouffe sans goût, souvent des crudités que l'on n'aime pas et la folie dans les gâteries défendues...

J'ai remarqué aussi que les gens qui ont un surplus de poids ont non seulement de la difficulté à se situer par rapport à la nourriture, mais aussi en fonction du sommeil, du repos et du calme. Même s'ils en ont besoin, ils ne savent pas comment s'accorder le droit de refaire le plein d'énergie, de passer leurs besoins en priorité, sans nécessairement être égoïstes (leur grande peur).

Mais, voyons, je ne peux pas faire une petite sieste de 20 minutes en arrivant du travail, il y a tant de choses à faire, entendais-je dire de nombreux clients et clientes. Ces gens attendent beaucoup d'un régime, sans compter qu'ils ignorent et n'entendent plus les signaux intérieurs de leur corps, que ce soit face à la nourriture, face au repos, à leur soif et à leur état intérieur de stress ou d'inconfort. Ils vont absorber et supporter souvent des situations qui ne les respectent pas vraiment. Ils vont complètement s'oublier, étant plus attentifs aux besoins des autres qu'aux leurs. Et cela, en répondant aux attentes du conjoint ou de la conjointe, des enfants, du patron, du comité de bénévolat ou de l'équipe de volley-ball.

Mais comme on n'entend plus ce qui vient de l'intérieur, le corps agira, ou plutôt, réagira comme un enfant qui est bafoué, maltraité ou ignoré, tout simplement. Il tentera de s'exprimer. Il criera, cherchera à attirer l'attention, mais pas toujours d'une manière agréable. Plus souvent qu'autrement, ce sera en faisant des bêtises. Il pourra faire des coups pendables, ce pauvre corps, comme tomber dans les desserts, le sucre, les chips, le fast-food jusqu'à s'en donner mal au cœur. Pour d'autres, les signaux d'alarme ignorés se traduiront par la maladie, le burn-out, les crises cardiaques...

Pour connaître les réactions de votre corps, je vous propose de faire un voyage, une petite aventure à l'intérieur de vous-même. Il s'agit enfin d'être attentif à cette voix qui crie depuis des années, qui tente de s'exprimer.

Notre corps manifeste ses demandes de différentes manières. Ce sera la soif, la faim, le sommeil, le besoin de réconfort, un besoin d'écoute, d'échanger, d'être touché... Finalement, manquant un peu ou beaucoup de tout cela, il va se jeter où il peut... dans la bouffe, l'alcool, le jeu, le sexe, le travail, la drogue.

Plusieurs personnes que j'ai vues en consultation se disaient : comment se fait-il que j'aie pu arrêter de boire ou de fumer du jour au lendemain, mais que je ne peux pas arrêter de manger?

Nous pouvons toujours cacher les bouteilles d'alcool ou ne plus acheter de cigarettes, mais pouvons-nous nous passer de nourriture? Pas pendant longtemps, c'est certain. La nourriture est toujours là, disponible. Jamais le monde occidental n'a connu une telle abondance alimentaire... pour notre plus grand malheur! La nourriture est omniprésente. Voilà pourquoi nous pensons avoir à lutter et à la contrôler.

Cependant, on peut l'aborder autrement, pour en finir avec le cercle vicieux des diètes. La nourriture étant source de vie, nous apprendrons à travers les étapes de ce livre à nous traiter comme nous traiterions notre meilleur ami. Il faut se donner de l'importance, s'encourager, se féliciter, mieux se comprendre. Pour cela, un voyage à l'intérieur de soi nous permettra de connaître nos pensées, leurs fonctionnements, leurs impacts et amènera de la lumière et une meilleure vision du chemin à parcourir vers notre réussite minceur. Ainsi, nous pourrons réaligner l'intelligence de notre esprit et de notre corps vers un but commun.

Prenons l'exemple d'une cliente que je nommerai Roxanne. Elle a participé à un de mes ateliers de groupe. Cette dame était suivie en psychothérapie. Elle a 27 kilos (60 livres) en trop après avoir subi 15 ans de régimes et de contraintes alimentaires. Un jour, elle est venue me voir avec le consentement de sa psychothérapeute qui lui dit que différentes approches l'aideraient sûrement à maigrir. Je la revois encore, assise dans son coin, un peu en retrait avec un air d'intense réflexion.

Elle alla voir ce qui se passait à l'intérieur d'elle-même. Elle commença à parler à la « petite Roxanne » qui se logeait depuis 53 ans dans le plus profond d'elle-même. Elle lui parlait tous les jours, comme si c'était sa petite-fille. Même si cela semble un peu farfelu, elle s'est aperçue que « cette enfant » ne s'était jamais exprimée vraiment et que chaque fois que Roxanne lui demandait ce qu'elle voulait manger, « l'enfant » ne voulait rien pour le moment. « La petite Roxanne » était étouffée par le gras. « La petite Roxanne » n'avait vraiment pas faim. Elle se sentait étouffée, parce qu'on n'avait jamais répondu à ses émotions, ses besoins. Et là, enfin, elle pouvait commencer à se manifester et, peu à peu, elle faisait sa place. Roxanne, la grande, réalisa que son besoin de nourriture était vraiment minime ou très peu important par rapport à ce qu'elle mangeait auparavant.

Réalisant qu'elle avait d'autres réponses que la nourriture pour satisfaire ses besoins et s'accordant ce droit légitime, Roxanne a commencé à maigrir. Comme quoi, commencer à explorer ce qui se passe à l'intérieur de soi et cerner ses différents besoins est une clé importante pour atteindre le succès.

Nous verrons plus en profondeur l'expérience du besoin de nourriture au chapitre 5, lorsque nous aborderons l'aspect des signaux de la faim.

Mais d'abord, que voulons-nous faire par rapport à notre poids?

Quels sont nos objectifs?...

Résumé

- ❑ Comme nous sommes tous différents, nous avons aussi tous des besoins différents.

- ❑ Savoir écouter et reconnaître les signaux de notre corps. (Faim, soif, fatigue...)

- ❑ Le corps est comme un petit enfant parfois rebelle, sachant exactement ce qu'il veut et ce dont il a besoin en termes énergétiques.

- ❑ La nourriture... une source de vie.

Chapitre 3

Plus nos idées sont claires et précises,
plus nous avons des chances de réussir.

Planifier son objectif

Nous sommes l'architecte de notre vie. Consciemment ou inconsciemment, nous organisons notre vie en raison de nos buts et de notre idéal. Cependant, souvent nous sommes portés à nous plaindre de ce qui nous arrive parce que, en réalité, nous n'avons jamais trop su ce que nous voulions vraiment. Avons-nous des objectifs précis? Savons-nous ce que nous voulons par rapport à notre santé, à notre poids?

Saviez-vous que vous êtes présentement vos vieilles pensées cristallisées. C'est-à-dire que vous êtes maintenant ce que vous pensiez il y a un an, deux ans, cinq ans...

Comme je mentionnais ce concept à un ami très proche, cet homme intelligent et sage en fut tout à coup bouleversé, sidéré. Ce fut pour lui une révélation incroyable. Sa réaction a été de dire : « Si, aujourd'hui, je suis comme il y a cinq ans, c'est que je n'ai pas beaucoup pensé à des nouveaux projets entre-temps! » En effet, pour lui, ce fut un choc.

Des recherches ont prouvé que le cerveau est traversé par 40 000 à 50 000 pensées par jour, au moins. Et on a établi que si seulement 1 000 à 2 000 étaient axées sur un objectif précis, il se réaliserait rapidement et concrètement. Imaginez le pouvoir de réalisation que nous avons... en fixant des objectifs clairs.

Un architecte travaillant sur le plan d'une maison doit y réfléchir, se poser des questions. Il doit s'interroger sur ce qu'il veut construire. Une maison unifamiliale, un chalet, un triplex? Combien d'étages y aura-t-il? En quels matériaux? En brique ou en bois? Autant d'interrogations, autant de réflexions. Bien sûr, il devra éliminer des matériaux, en choisir d'autres afin d'arriver à un plan de plus en plus précis. Pour ce faire, il travaillera ensuite avec un constructeur qui pourra lire ce plan et engager les ouvriers nécessaires à la réalisation : menuisiers, plâtriers, plombiers, électriciens et manœuvres.

Il en est de même pour nous. Quand on pense à un projet, il faut d'abord établir un plan. Et qu'il soit précis et complet dans ce que nous voulons atteindre. Combien de fois ai-je entendu des femmes me dire qu'elles avaient déjà atteint leur objectif minceur et se rendre compte, arrivées à leur but, qu'elles se sentaient terriblement vulnérables dans leurs relations, particulièrement avec les hommes. Ce n'est pas étonnant qu'elles aient repris tout le poids perdu, car ce poids leur permettait d'être fortes, invincibles et protégées...

Autre chose que j'ai remarquée, c'est que la plupart de mes clientes ou clients arrivent dans mon bureau en me disant ce qu'ils ne veulent plus dans leur vie. Exemple : ils ne veulent plus être gros, ne plus porter des vêtements amples et, avant tout, ils ne veulent plus être mal dans leur peau.

Par ailleurs, nous savons que ce qui est important pour le cerveau, c'est de savoir ce que l'on veut et non le contraire (SOUVENEZ-VOUS DES COMMANDES POSITIVES).

Je reviens à mon exemple de l'architecte. Si je veux me faire construire une maison et que je précise à mon architecte ce que je n'aime pas, ce que je ne veux pas, il me demandera certainement ce que je veux, ce dont j'ai besoin, ce qui est important pour moi.

- Ce que je veux... une maison unifamiliale

- Ce dont j'ai besoin... deux étages
  trois chambres à coucher
  une cuisine ensoleillée
  un salon avec foyer
  une salle de lecture, etc...
  un terrain vaste et
  aménagé pour les enfants

- Ce qui est
  important pour moi... de la lumière
  du confort, un environnement

calme, sans bruit excessif,
des pièces spacieuses pour
préserver l'intimité de chacun
des membres de la famille

En posant les bonnes questions, mon architecte pourra me faire un plan sur mesure. Ainsi, je dois procéder avec mon cerveau : préciser mes pensées, préciser ce que je veux, lui faire connaître mon objectif.

Je suis persuadée que, dans votre vie, vous avez déjà réussi tout cela exactement, soit pour un projet de vacances, de voyage ou autre.

Au début, nous choisissons le destination, la date de départ, selon un budget prédéterminé. Ainsi, le voyage se précise. Nous trouvons l'argent nécessaire. Ensuite, nous allons rencontrer un agent de voyages et nous commençons à concrétiser ce rêve par des réservations, des arrangements au travail, gardiennage si nécessaire, etc... De là, nous anticipons déjà notre voyage, nous y pensons tous les jours, nous en profitons déjà.

Il est important de fonctionner de la même manière pour un objectif minceur. Je tiens cependant à faire une mise en garde. Beaucoup de personnes déterminent leur objectif en y mettant un chiffre tel que : je veux peser 135 livres ou je veux perdre 50 livres.

Premièrement, d'y mettre seulement un chiffre, que ce soit 135 ou 175 livres, peu importe, combien de fois vous êtes-vous dit ça de cette manière? Chaque fois que vous avez commencé un régime? Et quel a été le résultat? Je trouve cet aspect du chiffre sur la balance très réducteur. Sommes-nous seulement un paquet de muscles et de gras en plus des os, monté sur une balance, comme des animaux allant à l'abattoir?

Pas étonnant que, ayant atteint à l'occasion cet objectif, nous soyons déçus, amers et ayons l'impression de ne répondre qu'aux diktats de notre société de consommation qui veut nous faire croire qu'habiller taille 10 ou 32 de pantalon, c'est le bonheur.

Se fixer un objectif, c'est savoir ce que l'on veut, comment on veut se sentir, ce qui est important pour nous selon notre environnement, notre type de travail, nos heures de loisir, notre réalité à chacun. Par ailleurs, vous avez plus de chances d'atteindre cet objectif car il sera en harmonie avec vous. Ce seront vos priorités, vos valeurs, vos besoins. (Pourquoi voudrais-je avoir la taille d'un mannequin, alors que j'ai la carrure assez forte et une allure plutôt sportive et musclée?)

De toute façon, ne nous leurrons pas. Si jamais j'arrivais à un objectif qui ne me convienne pas, ce serait au détriment de ma santé, de mon énergie et de ma joie de vivre. Et mon corps deviendrait rebelle à cette condition et me ferait redevenir comme avant.

On ne tire pas sur les fleurs pour les faire pousser!

Se donner du temps

La plupart des personnes qui veulent maigrir aimeraient perdre du poids comme par miracle. Que toute cette graisse superflue parte du jour au lendemain. Comme ça serait intéressant d'avoir une baguette magique...

Hélas, la réalité est tout autre. Atteindre un poids-santé demande patience, réflexion et réalisme. Cependant, il y a un aspect positif dans cette démarche : si on prend le temps d'y réfléchir, savoir ce que l'on veut, bien cibler notre cerveau et avoir de la compassion pour soi-même, il y a de fortes chances que nous réussissions notre projet, et à long terme.

Notre cerveau, comme un ordinateur recevant les bonnes commandes, nous aidera à fonctionner de la bonne manière. Il sélectionnera et organisera nos actions en fonction du programme donné. Bien sûr, ceci est une analogie. L'être humain est bien plus complexe qu'un ordinateur, mais combien de fois fonctionnons-nous sur « le pilote automatique »?

Pour réinstaller de nouvelles habitudes et un nouveau mode d'action face à la nourriture, il devient très important d'installer dans notre ordinateur un logiciel pertinent, n'est-ce pas? Et ceci demande que l'on s'arrête, qu'on y réfléchisse. Ne sommes-nous pas l'architecte de notre corps, de notre santé, de notre forme physique? Ne vaut-il pas la peine d'y consacrer du temps?

Alors, la première chose à établir, c'est de savoir exactement ce que l'on veut de manière précise.

Que voulons-nous exactement?
Lorsque nous aurons atteint notre objectif, comment serons-nous?

Une manière efficace de le faire, c'est de se projeter dans le futur et d'y penser comme si c'était déjà accompli...

Voici un exemple :

J'ai maintenant atteint mon objectif...

Je suis fier de moi.
Je suis à l'aise dans mes vêtements.
Je porte des vêtements plus ajustés à la taille.
J'ai même dû faire réparer ou réajuster des vêtements trop grands. (Quel bonheur!)
À chaque fois que je m'assieds pour manger, je déguste chaque bouchée.
Je mange des aliments bons pour la santé, savoureux et colorés.
J'entends les gens me féliciter et me questionner pour savoir comment j'y suis arrivé.
Je me dis que c'est formidable d'avoir atteint mon objectif.

Je me sens forte, confiante et à l'aise dans ma nouvelle silhouette.

Vous constatez que ces affirmations répondent à ces questions :

Qu'est-ce que je vais voir maintenant que j'ai atteint mon objectif?
Qu'est-ce que je vais entendre?
Qu'est-ce que je me dis?
Qu'est-ce que je ressens?
Comment est-ce que je me sens maintenant?

Comme autre étape, il faut penser au temps que cela prendra. Il faut se donner un temps réaliste. Penser que le corps humain doit se réorganiser et que les cellules doivent avoir du temps pour le faire. On ne demande pas à un enfant de grandir plus vite que la nature ne le permet. Mais, quand on suit un régime, on voudrait que ça paraisse le plus vite possible. Que cela se fasse du jour au lendemain. On s'impose tellement d'exigences que le corps est prêt à se rebeller et à tout saboter comme auparavant. On se fait leurrer par les régimes, parce qu'on nous promet de maigrir en peu de temps. On simplifie le traitement parce qu'on nous demande de réduire les calories ou de manger d'une manière très stricte et sélective. On croit facilement que, de cette façon, on va réussir à perdre du poids. Bien sûr que le premier régime est efficace, mais les suivants... Frustrations, perte d'énergie... tricheries... et on recommence ou on abandonne... sans de meilleurs résultats.

Je vous propose ici une autre optique : savoir ce que l'on veut, se respecter, respecter son corps en commençant par briser ce cercle vicieux des régimes, frustrations et gain de poids. Pourquoi pas le faire en se donnant du temps, en diminuant les exigences et en faisant confiance à son corps tout en expérimentant un nouveau savoir-faire face à la nourriture?

C'est important de penser à soi, à son bien-être, d'être bien dans sa peau. Il ne suffit pas seulement d'être mince et d'arriver à mettre son maillot de bain pour aller à la plage. Votre corps a déjà une sagesse en lui qu'il suffit d'écouter et de respecter.

Mon expérience en consultation privée m'a prouvé que les clients qui se donnent du temps ont une meilleure chance de réussite. En plus de retrouver un poids-santé, ils intègrent une nouvelle manière de vivre, se donnent un nouveau savoir-faire et une qualité de vie émotionnelle et physique.

Les régimes les plus draconiens sont ceux qui durent le moins longtemps. Il est plus sage de prendre le temps qu'il faut pour réussir une fois pour toutes au lieu de s'imposer de pénibles restrictions et de subir des échecs répétitifs.

En précisant votre objectif minceur et en y pensant comme un film dans votre tête, le succès sera à votre portée. Imaginez que les gens vous félicitent pour votre nouvelle silhouette. Soyez l'acteur principal de votre film.

Gardez votre film-succès continuellement à votre esprit. Parce que cet objectif est décrit d'une façon sensorielle, il vous mènera de victoires en victoires. Votre cerveau étant bien renseigné, il vous amènera là où vous voulez aller!

Maintenant que vous connaissez votre destination et que votre cerveau est piloté par vous, il ne reste plus qu'à passer à l'action. Nous verrons dans la prochaine étape comment faire pour que votre corps devienne votre meilleur collaborateur. Rappelez-vous que Rome ne s'est pas bâtie en un jour.

Entre la pensée et le résultat, le lien, c'est l'action. Et y aller étape par étape...

Résumé

- ❑ Pensée précise + action = résultat.
- ❑ Les objectifs clairs et réalistes sont gage de succès.
- ❑ Se donner du temps : temps pour réfléchir, temps pour la réalisation.
- ❑ Mon objectif, c'est : je veux un poids-santé et être plein d'énergie.
- ❑ Comment vais-je pouvoir évaluer mes résultats?

  En ayant un tableau précis de l'objectif déjà atteint :

  - Je porte des vêtements plus ajustés, plus colorés.
  - Je me vois faisant du sport (tennis, natation, vélo).
  - Je me vois au restaurant, heureux, dégagé, mangeant santé et dégustant lentement des aliments succulents.
  - J'entends mes amis me féliciter.
  - Je me félicite, je me dis que je suis fier de moi.

- Je me sens bien dans ma peau, dans ma nouvelle silhouette.

- Je me sens confiant et énergisé.

Chapitre 4

Quelle joie que de pouvoir partir de notre chaos intérieur pour créer un semblant d'ordre.

Katherine Paterson

Finis les privations et le contrôle

Comment nous vient l'idée des régimes? Hélas, bien vite et de manière automatique. Un bon matin, on se trouve trop gros ou trop grosse. On ne s'aime pas ou on se trouve vraiment moche. Ou bien, on a de la difficulté à entrer dans ses vêtements. Automatiquement, logiquement, on pense « régime ».

Nous sommes vraiment conditionnés par une société où la minceur garantit le bonheur et le succès. Quelle invention diabolique, ces régimes, qui nous promettent de devenir plus séduisant! Ils nous rendent affamé et malheureux tout en pensant à tout ce que nous ne pouvons pas manger, tout ce que nous devons manger et toutes les tricheries succulentes que nous devons éviter. Il en résulte, avec cette pensée restrictive, que les gens s'imposent des règles obligatoires et absolues, souvent invivables avec le temps.

Prenons l'exemple d'un de mes clients, André, qui habille des vêtements de taille normale. Il est heureux quand ses vêtements portent l'étiquette 40. Si jamais il doit passer de 40 à 42, c'est le début de son malheur et, pour lui, c'est comme si la terre s'arrêtait de tourner. Un changement de chiffre et son moral tombe bien bas. Et dans cette situation, André se dit qu'il doit prendre une décision, qu'il faut faire quelque chose. Et c'est le début d'une pression négative. (Vous savez, les commandes négatives...)

Il se dit qu'il ne mangera plus au restaurant. Qu'il doit oublier les petites expéditions dans ce si bon petit resto (smoked meat, frites). Adieu la bière si rafraîchissante, les desserts succulents et crémeux. Et même, qu'il pourrait aller jeûner quelques jours.

C'est la meilleure façon de programmer son cerveau pour se diriger vers toute cette merveilleuse bouffe! Et la lutte commence. Il ne devrait pas... mais c'est tentant. Le combat est difficile. Et l'échec arrivera... tôt ou tard.

Un autre exemple. Un autre de mes clients, Paul, me disait que, chaque matin, il prend son café et un pamplemousse tout en se disant : « Il ne faut pas que je mange de pâtisserie danoise aujourd'hui. »

Et là, d'après sa propre expression, « une rumeur de combat » s'éveillait dans sa tête. Il luttait farouchement, puis, systématiquement, il finissait par manger cette danoise défendue. D'abord, il y avait une certaine satisfaction, mais les remords s'installaient très vite. La culpabilité montait à la surface. Il venait de « tricher ». Et bien souvent, finalement, il mangeait plusieurs danoises. C'était l'échec complet et cuisant. Adieu les bonnes résolutions. Matin après matin. Ainsi, la situation s'aggravait de plus en plus... Il se disait : « Tant qu'à manquer à mon régime... »

Voici une manière d'éviter ce sabotage...

PREMIÈRE CONSIGNE : **SE DONNER LA PERMISSION DE MANGER**

Nous avons vu précédemment que les privations ne faisaient finalement qu'aggraver notre situation. Alors, pourquoi continuer? Espérer un résultat meilleur? Erreur!

Votre corps est comme un petit enfant d'environ 18 à 30 mois. Si on lui défend quelque chose, il n'aura que l'envie de le faire... et plus encore.

Dorénavant, et pour le reste de votre vie, **la nourriture est désormais permise**. Vous pourrez vous permettre de manger. Il n'y aura plus d'aliments « interdits ». Combien de régimes parlent d'aliments interdits ou légaux? Les interdits étant toujours les plus savoureux et les légaux ou permis, les plus fades.

Que se passe-t-il si je mange un aliment interdit? Iraije en prison? Est-ce que la terre va s'arrêter de tourner? Je ne serai plus respectable si je mange un morceau de gâteau au chocolat?... C'en est même ridicule!

Pourquoi se donner la permission de manger ce qui nous tente?

Je suis arrivée à penser à cette consigne en observant les gens ayant un poids-santé stable et les toutes petites personnes. Notamment, j'ai remarqué, comme vous avez déjà dû le faire vous aussi, des femmes toutes menues, dévorer comme des ogres. Je vous assure que ça m'enrageait diablement! Et j'ai remarqué que ces personnes mangeaient en général de tout, ne se privaient de rien tout en respectant leur faim ou leur niveau de satiété.

Voilà pourquoi cette première consigne est importante. Votre corps doit recevoir comme message que, désormais, vous êtes avec lui et non contre lui pour le faire souffrir. Et, croyez-moi, cette position aura un impact majeur sur votre vie émotionnelle face à la nourriture.

Il n'y a plus d'aliments interdits. La nourriture est une source de vie, peu importe ce que l'on mange. Évidemment, vaut mieux manger des aliments de qualité, le plus naturel possible. Mais, ce n'est pas à manger du poulet frit une fois par semaine qu'on va en mourir. Désormais, se permettre de manger devient une nouvelle devise, même si on a l'impression de laisser les commandes à un ennemi (notre corps).

Cette consigne est tellement importante pour un bon départ que je demande systématiquement à tous mes clients et clientes en consultation, dès la première semaine de la démarche, de « prendre un rendez-vous » avec la nourriture. D'aller expérimenter cette permission à un moment particulier et de la vivre en qualité. Si c'est un morceau de tarte aux pommes à la mode dont vous avez vraiment envie depuis longtemps, eh bien, prenez du temps pour vous, allez dans le meilleur restaurant en ville et dégustez vraiment ce plaisir. Accordez-vous du temps pour la déguster, la savourer, tout en observant vos réactions.

Mangez-vous vite, tranquillement, y avez-vous vraiment goûté? Avez-vous faim pour un autre morceau ou trois autres? (C'est permis!) Peut-être que vous ne serez pas capable de manger tout ce morceau!

C'est la première étape. Se permettre de manger, même ce qui nous a toujours été défendu. Cela demande, bien sûr, une dose de confiance et d'audace pour laisser notre corps piloter nos envies. Cependant, j'ai constaté que ce moyen permet de vous découvrir face à la nourriture et aussi d'envoyer un message efficace à votre corps, qui, de cette façon, deviendra un collaborateur sûr pour atteindre votre objectif. Et votre corps vous le rendra bien en votre faveur. Ainsi, plus on lui fera confiance, plus il sera facile d'arriver à maîtrise les besoins en nourriture.

Autre chose, pourquoi se permettre de manger? Pourquoi est-ce si important d'arrêter de se dire : il faut que je mange ceci, il ne faut pas que je mange de cela? Parce que, en général, nous n'aimons pas recevoir des ordres. La personne adulte aime, de par sa nature, se permettre ce qui lui est défendu... depuis Adam et Ève! Nous sommes tous un peu rebelles à l'intérieur de nous. Alors, sachant que c'est permis, un drôle de phénomène se manifeste. On dirait que notre intérêt diminue ou que cette nourriture attirante nous contente beaucoup plus rapidement.

Dans les prochains chapitres, nous continuerons la démarche pour réapprivoiser ce pauvre corps souvent bafoué, et cela sans souffrir. C'est important de permettre à notre corps de manger à son goût. Peut-être découvrirez-vous qu'il n'a pas d'envies aussi répréhensibles : manger des fruits en quantité, une montagne de brocoli, une bonne trempette de crudités colorées et diversifiées. De toute façon, en ce qui a trait aux extravagances que nous pourrions faire, n'en fait-on pas quand nous trichons lors d'un régime? Vous savez, œuf poché, café sans sucre... le matin, et gros paquet de biscuits au chocolat à 17 heures en revenant du travail.

Cela me rappelle une bonne amie à moi, Judy, une femme rieuse, chaleureuse et intelligente. Depuis que je la connais, elle est continuellement au régime. Elle a suivi toutes sortes de diètes : à base de protéines, aux herbes médicinales; elle a aussi consulté en homéopathie pour maigrir. C'est à refaire systématiquement à tous les mois... Dernièrement, elle me dit qu'elle venait tout juste de recommencer avec une approche en groupe. Elle m'en a parlé peu. Cependant, ce que j'ai vu un soir, alors que nous travaillions ensemble sur un projet professionnel, m'a sidérée. Elle venait tout juste d'enfourner un paquet de biscuits datés de décembre, alors que nous étions à la fin de février! La preuve que, quand on n'en peut plus, le corps mangerait n'importe quoi. Adieu régime!

La plupart du temps où nous succombons à la tentation, c'est qu'à l'intérieur de nous, il y a un combat tel que :

- Je ne devrais pas en manger.
- Ça fait engraisser, c'est défendu!
- Ce n'est pas comme ça que je vais y arriver.
- Je vais en prendre juste un, après tout, ce n'est pas si terrible que ça. J'arrêterai après.

Ces commandes négatives, ces critiques ne font qu'accentuer le désir et nous faire succomber. Et deux fois plutôt qu'une. Souvenez-vous qu'entre la raison et l'émotion, tôt ou tard, c'est l'émotion qui gagne.

Se donner la permission de manger élimine le combat intérieur et permet d'être plus détaché de la nourriture. Même si on sait que l'on doit privilégier la nourriture de qualité (naturelle, sans additif), pour l'instant, le plus important, c'est de se donner la permission, même si on est inquiet ou sceptique. C'est important que vous fassiez votre propre expérience. Elle vous apprendra plus sur vous que toutes sortes de théories. Faites confiance à votre corps. Le jeu en vaut la chandelle.

Donc, peu importe où vous serez, chez vous ou en voyage, en vacances, vous pourrez aller au restaurant, au snack-bar ou dans un resto fast-food si vous le désirez. Vous en avez la permission.

Comme votre corps peut maintenant manger ce qu'il désire, il se peut que vous ayez une alimentation « plutôt anarchique » dans les débuts. C'est normal, ne vous en faites pas, ça ne durera pas. Il se peut que vous ayez le goût de manger des spaghettis gratinés trois jours consécutifs. Ce n'est pas grave. Dans mon cas, ç'a été du gâteau au fromage pendant une semaine! Ce que j'ai constaté, en pratique privée, c'est que le total des aliments ingérés par une personne avec cette première consigne n'a pas dépassé la consommation totale normale, toutes prises de repas confondues. Et souvent, c'était beaucoup moins. Plusieurs enregistraient même une perte de poids.

C'est possible qu'on ait peur de s'aventurer dans cette expérience, car on a fait rarement confiance à son corps. Comme on est mené par notre esprit, rarement notre intuition a été mise à contribution face à la nourriture. Maintenant, votre corps, comme un petit enfant, vous en sera reconnaissant de manière joyeuse et énergique.

Combien de fois n'ai-je pas vu sortir de mon bureau des gens ayant rajeuni de 20, 30 ou 40 ans, en sachant qu'ils pouvaient se permettre quelque chose de défendu!

Pourquoi pas vous? N'est-ce pas une belle aventure?

Après cette première étape très importante dans cette nouvelle façon de penser, la deuxième est d'arriver à respecter son niveau de satiété, ce que nous allons voir dans le chapitre suivant.

Résumé

- ❏ Entre la raison et les émotions, tôt ou tard, les émotions gagnent... à moins d'avoir une volonté à toute épreuve.

- ❏ Notre corps, après plusieurs régimes, a une très bonne mémoire de ces famines vécues et ne veut plus souffrir.

Première consigne :
Se donner la permission de manger

- Osez manger ce que vous vous défendez peut-être depuis des mois...

- Donnez-vous un rendez-vous avec la nourriture.

- Faites-en l'expérience et observez vos réactions.

Chapitre 5

Tout vient à point,
à qui sait attendre!

Jean de La Fontaine

Se respecter

Il y a longtemps de cela, un cavalier, se promenant dans une prairie, aperçut un cheval, un magnifique pur-sang, vivant à l'état sauvage, libre comme le vent. Ce cheval ne connaissait aucune barrière à son indépendance, habitué qu'il était à courir, à aller où bon lui semblait, à manger quand il avait faim, à gambader, bref, à faire tout ce qu'il voulait.

Le cavalier prit conscience de la force et du pouvoir de ce pur-sang. Réalisant la découverte qu'il venait de faire, il rêva de le dresser. Il se voyait déjà vainqueur de grandes courses, de grandes compétitions.

Étant donné sa vaste expérience, il savait très bien qu'il ne pourrait approcher cette bête magnifique facilement. Il lui faudrait énormément de temps, de patience et d'habileté. Alors, il décida d'y aller de manière très subtile.

Jour après jour, le cavalier s'approchait prudemment du cheval. Des gestes très discrets d'abord, des gestes amicaux et lents. Le cheval s'habitua à cette présence humaine, pour lui, inconnue. Il sentit que l'homme ne lui voulait aucun mal.

Si bien que l'homme réussit à s'approcher assez de l'animal pour lui offrir de la nourriture dans sa main. Un peu plus tard, il parvint à le caresser et à lui parler à l'oreille sans que le cheval manifeste de la crainte et parte au loin. Puis, un jour, il lui glissa une couverture sur le dos. L'animal, surpris pendant quelques instants, l'accepta, sachant qu'il pouvait faire confiance à ce cavalier qui s'était approché de lui avec tant de délicatesse et de bon sens. Continuant cette approche et respectant la liberté du pur-sang, le cavalier fut en mesure, plus tard, de le monter, tout en le laissant libre d'aller où il voulait.

Alors, il mit un mors dans la gueule de l'animal qui réalisa que cet objet étranger ne le blessait pas. Laissant les guides libres, le cavalier commença à faire des balades en douceur. Petit à petit, il prit les guides et commença à diriger le cheval, qui, ayant confiance en ce chevalier habile et sûr de lui, ne lui fit essuyer aucune rebuffade. Se respectant mutuellement, le cavalier et l'animal allèrent où ils voulaient dans une confiance mutuelle et une belle complicité.

Combien de temps a-t-il fallu à ce cavalier pour atteindre son but? Quelle patience et quelle habileté faut-il pour réaliser un tel rêve, une telle ambition? Il s'est installé un respect mutuel entre ces deux êtres. L'un représentant la puissance et la force, l'autre l'intelligence, le savoir et la patience.

À nous maintenant d'appliquer ce bel exemple à notre corps, en l'apprivoisant et en lui faisant confiance. Il nous faut également le respecter pour qu'il nous respecte. Combien de fois avons-nous exigé de lui des privations, de la souffrance, de la fatigue avec seulement quelques paroles d'encouragement, si elles étaient là! Car, la plupart du temps, c'était plutôt des reproches, des paroles blessantes qu'il entendait. (Souvenez-vous de ce que vous vous dites lorsque votre corps n'est pas immédiatement parfait comme vous aimeriez qu'il soit.) Avec de la patience, du courage et de la persévérance comme en a fait preuve le cavalier... vous obtiendrez plus sûrement des résultats, même au-delà de vos attentes. PATIENCE ET LONGUEUR DE TEMPS...

Que serait-il arrivé si le cavalier avait brûlé les étapes, brusqué l'animal, lui avait trop vite imposé une direction? Eh bien... Ce magnifique pur-sang aurait pris le mors aux dents... et avec des ruades, il se serait débarrassé de ce cavalier stupide.

Un corps ayant suivi des régimes répétés ressemble étrangement à ce cheval furieux. N'est-ce pas qu'il rue dans les brancards quand il entend encore (!) parler de régime. Les résultats sont les mêmes : il s'enfuit à toute vitesse pour, souvent, se réfugier dans la nourriture. Mais lui, ce corps, ne peut pas se débarrasser de son cavalier.

Alors, il vous amène là où vous ne voulez pas aller, c'est-à-dire, à la nourriture riche et défendue pour les personnes soi-disant au régime. Le corps se rebiffe royalement et va dans le sens contraire de votre objectif.

Vous aurez compris que pour réussir à atteindre votre objectif minceur, il est important de réapprivoiser votre corps. Il est plutôt comme un animal blessé et privé de ce dont il a besoin : reconnaissance, patience, respect. Ainsi, il y aura plus de chance que le corps embarque dans votre objectif minceur si vous développez une certaine complicité avec lui. Nous verrons comment...

Faire confiance à son corps

Sommes-nous habitué à nous fier à la nature? Avons-nous peur de nous laisser guider par notre corps? Comme pour le cavalier, pouvons-nous établir un climat de confiance? Sommes-nous prêt à mettre autant de patience et de compréhension pour arriver à notre but?

Pour apprivoiser notre corps et lui faire confiance, il faut le connaître davantage, et pour le connaître davantage, nous allons lui proposer une expérience...

DEUXIÈME CONSIGNE: **EXPÉRIMENTER LA FAIM**

Cette deuxième consigne, après nous être donné la permission de manger, nous apprendra de façon surprenante dans quelle mesure notre corps a besoin de nourriture. Avoir faim, c'est aussi naturel que respirer ou dormir. Quand on a sommeil, on peut attendre un peu, n'est-ce pas? Quand on a besoin d'uriner, on peut se retenir quelques heures et parfois plus. Pour la soif, on en arrive même à complètement l'oublier. Mais, étrangement, nous avons souvent peur d'avoir faim. C'est très souvent imputable à l'expérience de nombreux régimes.

Dans l'expérimentation de cette consigne-ci, nous allons attendre que le corps donne des signaux de la faim et le respecter. Enfin, il aura la chance de s'exprimer, d'être entendu et satisfait dans la juste mesure de ses besoins. C'est un des meilleurs moyens de vraiment le connaître et d'établir une relation de confiance au lieu de répondre à des exigences venant de l'extérieur, comme les règles aberrantes de régime et de diètes très sévères qui n'apportent que des résultats à court terme, si toutefois nous sommes capables de les suivre à la lettre!

Déjà, j'entends des phrases telles que :

— Tout à coup que j'ai tellement faim et que je ne suis pas capable de fonctionner...

— Qu'est-ce qui va m'arriver si je ne prends pas mon petit déjeuner copieux tel que recommandé?

C'est absolument inoffensif... C'est même énergisant! Rassurez-vous, vous ne tomberez pas d'inanition. Cela va vous permettre de manger quand vous aurez réellement faim et, peu importe les aliments que vous mangerez, vous ferez des découvertes étonnantes. Le corps a tous les nutriments nécessaires pour passer une journée sans manger, à moins qu'il n'y ait contre-indication dans votre état de santé actuel. Si vous êtes diabétique ou hypoglycémique ou que vous devez absolument manger à des moments fixés par votre médecin et spécialiste, respectez ces prescriptions. Autrement, vous pouvez faire cette expérimentation. Mais, attention quand vous le ferez. Il ne faut surtout pas exagérer et aller au-delà de la faim ou attendre d'avoir mal à la tête. **Être attentif à la faim signifie attendre les signaux de la faim et non mourir de faim.**

Quand j'ai fait cette expérience la première fois, il y a une vingtaine d'années, je me demandais si j'allais souffrir de maux de tête ou pire. J'ai essayé cela un certain samedi matin. D'ailleurs, je recommande toujours aux gens, pour cette consigne, de l'expérimenter à un moment où vous pouvez vous consacrer du temps ou avoir un horaire plutôt souple. Donc, lors de ce samedi en question, à ma grande surprise, j'ai seulement commencé à avoir faim vers 15 heures. Alors, je me suis permis de manger ce qui me tentait réellement sans toutefois manger démesurément. Puis, j'ai réalisé que je pouvais attendre encore quelques heures avant de manger à nouveau. Je me sentais très énergisée, et, pourtant, j'avais mangé moins que d'habitude. J'ai alors continué mon expérimentation pendant toute une semaine avec beaucoup de curiosité et d'attention. Que se passerait-il?

Tout d'abord, quand j'avais faim, je pouvais manger ce qui me faisait envie. C'était au départ merveilleux, surtout pour une personne comme moi qui avait suivi des régimes pendant au moins 15 ans. Deuxièmement, je n'ai jamais souffert de privation. C'était permis, je mangeais à ma faim et, en même temps, mon esprit était dégagé de tous ces interdits et ces règles concernant la nourriture. Ce fut une semaine extraordinaire. J'avais l'impression d'être en vacances même si c'était une semaine normale et, en prime... mon poids avait baissé de deux kilos (cinq livres). Quelle découverte excitante! Sans régime, sans privation, seulement de la vigilance aux besoins du corps.

Vous rappelez-vous à quand remonte la dernière fois où vous avez mangé parce que vous aviez réellement faim? Posez-vous sérieusement la question. Avec cette consigne, vous aurez d'heureuses surprises.

Pour vivre cette expérience avec le maximum de résultats, il est recommandé de choisir une journée de congé, une journée où vous pourrez vous permettre de manger quand vous aurez faim et que la nourriture sera disponible. Le contexte de travail est probablement moins approprié, sauf si vous pouvez manger à l'heure qui vous convient sans aucune contrainte. Comme il s'agit d'être attentif à soi, être disponible à ses besoins, vous serez en mesure de mettre toutes les chances de votre côté.

De tous les commentaires que j'ai recueillis auprès des gens ayant vécu cette expérience, 99 % étaient très positifs. Les gens réalisent qu'il leur faut beaucoup moins de nourriture qu'ils ne pensaient pour se sentir bien. En général, nous mangeons en surabondance!

Tout dernièrement, Simon, un grand gaillard de six pieds, pesant cent kilos, me racontait avec étonnement la surprise qu'il avait eue en faisant cette expérience. Il s'est rendu compte qu'il pouvait attendre longtemps avant de manger tout en se sentant bien. Pour lui, l'expérience lui montrait comment son corps avait la connaissance intuitive de ses besoins. Et il pouvait s'y fier.

Comme nous avons peur d'avoir faim! Cela vient de tous les régimes passés où le corps était en état de famine. L'apprentissage par la douleur marque longtemps.

Voici comment procéder pour cette consigne :

Choisir une journée où vous pourrez être attentif à vos besoins. Il faut donc attendre d'avoir faim. Cependant, il ne faut jamais exagérer dans l'attente. Selon les personnes, les signaux seront différents. Pour certains, ce seront des tiraillements au ventre, des cris de l'estomac. Pour d'autres, une sensation de vide ou des picotements dans la gorge. Observez-vous attentivement, vous avez déjà des éléments de stratégies pour atteindre un poids-santé, un grand pas vers la minceur. Et quand vous aurez faim, permettez-vous de manger selon votre goût du moment.

Un exemple : le matin, je prends mon café au lever mais je constate que je n'ai pas faim. Alors, il me faudra attendre jusqu'à ce que les premiers signaux de la faim se manifestent. Vous vous souvenez?... On ne mange plus parce que c'est l'heure, ni au cas où on aurait faim... Évidemment, si vous avez faim en vous levant, eh bien, mangez.

Ensuite, pendant que les heures passent, je respecte mon corps tout en étant à l'écoute des signaux de mon estomac. Et j'attends d'avoir faim. Cela peut prendre trois, quatre, cinq heures. Peu importe. À partir du moment où la faim se manifeste, je mange **ce qui me tente vraiment.** C'est permis! Et ainsi de suite jusqu'au coucher. PERMETTEZ-VOUS CETTE DÉCOUVERTE...

Attention, soyez vigilant aux vieilles habitudes qui voudront rester en place... Ouvrir la porte du frigo même si vous n'avez pas faim... Regarder l'heure... il est midi... six heures.

Cette expérience est riche d'enseignement et sans danger même si on ne mange pas ou très peu. Ainsi, vous apprendrez à faire confiance à votre corps. Et vous pouvez recommencer autant que vous voudrez.

Le corps connaît le nombre exact de calories dont il a besoin. Comme le bébé, il sait quand il a faim et habituellement quand s'arrêter. C'est instinctif. Malheureusement, les régimes et les interdits nous ont éloignés de notre savoir originel. Cette expérience nous permet de nous réapproprier ce savoir, cette connaissance.

Nous verrons plus loin une autre étape dans cette démarche de réappropriation : comment respecter son niveau de satiété... Bien sûr, cela demande une certaine vigilance. Vous en valez la peine, n'est-ce pas? Toute cette expérimentation vous permet de vous éloigner de calories superflues, celles-là mêmes qui vous ont amené vers ce surplus de poids indésirable.

TROISIÈME CONSIGNE : RESPECTER SON NIVEAU DE SATIÉTÉ

Plus on respecte son corps selon ses besoins, plus il nous respectera et nous fera confiance. Ainsi, il deviendra plus mature et capable de suivre un programme alimentaire sain et équilibré qu'on aura choisi. Par ailleurs, avant d'en arriver à ce stade, d'autres consignes doivent être expérimentées et d'autres changements effectués, tel que respecter son niveau de satiété. Très simple à dire mais pas aussi simple à faire, me direz-vous.

Depuis notre plus tendre enfance, pour la plupart d'entre nous, nous avons été obligés de finir nos assiettes. Vous souvenez-vous de ces phrases : « Si tu ne finis pas ton assiette, tu n'auras pas droit au dessert. » Ou encore : « Pense aux petits Chinois qui n'ont rien à manger! » Ou celle-ci : « Force-toi un peu, on n'a pas les moyens de gaspiller la nourriture » et « Allez, les enfants, on finit le plat, je n'ai pas envie de le voir traîner trois jours dans le frigidaire. »

Alors, nous mangions plus qu'il ne fallait et, pour plusieurs d'entre nous, cette habitude est tellement ancrée que, pour économiser quelques sous de nourriture, on racle les fonds d'assiette. Et, comble de l'absurde, nous dépensons des centaines, des milliers de dollars pour maigrir.

Vous n'êtes plus des enfants. La qualité de votre énergie et de votre santé est bien plus importante qu'un reste de pizza ou deux bouchées de poulet. D'ailleurs, vous n'êtes pas plus obligé de manger tout ce qui vous tombe sous la main... C'est important de vous respecter. Votre corps appréciera le fait que vous sachiez arrêter à temps. Il s'en portera beaucoup mieux.

Un jour, je dînais au restaurant avec un ami qui avait un problème de poids. Il manifesta le désir de manger une petite assiette de pâtes, suggérée en entrée, car il n'avait pas vraiment faim. D'un autre côté, il semblait gêné de le faire. Pourquoi pas? lui dis-je. Il était réticent, car il se sentait obligé de prendre un repas complet, tel que suggéré. En agissant ainsi, il prenait très souvent des surplus de calories dont il n'avait pas besoin.

Au restaurant, c'est vous le client. C'est vous qui décidez ce que vous voulez manger et en quelle quantité, non pas le restaurateur. Si on vous regarde de travers parce que vous choisissez des quantités qui vous conviennent sans suivre l'ordre de la table d'hôte, eh bien, changez de restaurant!

Ainsi, pour cette consigne, il s'agit une fois de plus d'être attentif à ce qui se passe à l'intérieur de vous. Donc, choisissez une journée ou des repas où vous êtes très disponible pour vous-même. Les consignes précédentes sont toujours en vigueur. C'est permis de manger, vous mangez ce que vous avez vraiment le goût de manger. Maintenant, dès que vous mangez, vous évaluez au fur et à mesure si vous avez encore faim. Vous arrêtez si vous n'avez plus faim, même si c'est après la cinquième bouchée, tout en rassurant votre corps que, s'il a faim dans une demi-heure ou une heure, il pourra manger à nouveau, c'est permis! Rassurez-le comme un petit enfant. Ainsi, vous continuerez à garder le climat de confiance entre vous et lui.

L'expérience est très intéressante. Probablement que vous constaterez que votre niveau de satiété est atteint beaucoup plus rapidement que vous ne le pensez. Peut-être avez-vous besoin de protéines pour dîner et de quelques fruits pour souper? Observez-vous...

En plus, votre corps vous sera très reconnaissant de le respecter ainsi. Votre récompense apparaîtra de multiples manières. Vous verrez à quel point on peut s'empiffrer si nous ne sommes pas vigilant.

Parlons de Suzanne, une de mes clientes, qui ne réussissait pas à maigrir malgré des dizaines de régimes et plusieurs démarches avec des nutritionnistes et diététistes qui lui avaient enseigné à bien manger. Tout ce savoir ne l'empêchait pas de faire des excès de table et de manger entre les repas, même si elle n'avait pas faim. Je lui ai demandé d'expérimenter la faim.

Cette femme, qui avait beaucoup de responsabilités professionnelles et un grand sens de l'organisation, croyait, en vivant cette expérience, qu'elle laisserait les commandes à un ennemi (son corps). Comme je la supportais et qu'elle me faisait confiance, elle alla au-delà de ce que je lui avais suggéré. Elle fut surprise de passer neuf heures sans manger, sans effort, tout en se portant très bien. En plus, elle constata qu'elle mangeait beaucoup moins en respectant son niveau de satiété. Suzanne réalisa que, certains soirs, elle avait besoin d'un repas complet et que, d'autres soirs, un petit goûter suffisait. Comme quoi, plus on fait confiance à son corps, plus il nous amène vers ce qui nous convient le plus. Suzanne a aussi diminué le vin. Elle constata également qu'auparavant, elle mangeait pour se calmer; maintenant, elle peut se calmer sans manger. Elle alla naturellement vers les fruits, les légumes et les produits de qualité. Son corps la guidait. Les quantités de nourriture diminuèrent avec le temps et sa silhouette devint de plus en plus harmonieuse. Toute l'énergie qu'elle mettait à penser à la nourriture était maintenant disponible pour vivre mieux.

Incidemment, avec cette démarche, dès le début, les gens découvrent une nouvelle énergie au lieu d'être obsédés par les calories qui les rendent coupables ou d'être tiraillés intérieurement par des envies de « tricher ».

Quand nous avons un poids de moins dans la tête, l'effet est immédiat dans notre corps. Nous voilà ragaillardis. Pourquoi? Parce qu'un corps qui est respecté peut mieux accomplir son travail. Toutes les fonctions essentielles sont optimisées. Autrement dit, notre machine fonctionne mieux et l'intelligence de notre corps nous guide vers une meilleure nourriture, savoureuse et reconstituante.

Après ces expériences enrichissantes, peut-être avez-vous constaté que des circonstances ou des moments particuliers vous font tomber dans la nourriture malgré vous, malgré votre bon vouloir. Vous perdez le contrôle. Allons observer davantage ces moments de vulnérabilité...

Résumé

❑ Le corps est une puissance de la nature.

❑ Faire confiance à son corps.

❑ Si on le respecte, il deviendra un collaborateur efficace.

❑ Quand, la dernière fois, avez-vous mangé parce que vous aviez réellement faim?

Deuxième consigne : **Expérimenter la faim**

- Quels sont les signaux de votre corps pour vous indiquer qu'il a faim?

Troisième consigne : **Respecter son niveau de satiété**

- En laissez-vous dans votre assiette? Pouvez-vous vous arrêter quand vous n'avez plus faim?

Chapitre 6

Il n'est jamais trop tard pour être
ce que vous auriez pu être.

George Eliot

Changements

Avez-vous remarqué que nous sommes des êtres d'habitudes? Nous répétons souvent les mêmes gestes, les mêmes scénarios, à la même heure, les mêmes jours de la semaine. Par exemple, le matin, nous nous réveillons, ensuite c'est la douche, le café, le déjeuner exactement comme celui de la veille. Souvent, nous mangeons sans nous rendre compte de ce que nous avalons. Certains automatismes sont très utiles dans notre vie, mais ils peuvent nous faire avaler inconsciemment des quantités de nourriture superflues.

Une participante à mes cours, Lucie, me racontait que, lorsqu'elle arrivait à la maison vers 17 heures, la première chose qu'elle faisait, comme beaucoup de gens qui ont un surplus de poids, c'était de se diriger invariablement vers le frigo. Affamée, elle mangeait n'importe quoi sans trop y penser.

On a beau tout savoir sur la nourriture, la saine alimentation, les bonnes habitudes alimentaires ou les règles de la perte de poids, quand un automatisme est installé de cette façon, il est difficile de s'en défaire, car on est sur le « pilote automatique ». Et dans ces circonstances, étant fatigués, vulnérables ou trop stressés pour arriver à réfléchir, nous ne pensons pas vraiment à ce qu'il est préférable de faire.

De plus, nous avons tous des moments de vulnérabilité. Pour certains, ce sera le matin, en déjeunant en vitesse, en bouffant n'importe quoi. Pour d'autres, ce sera le soir ou au retour du travail, pour se débarrasser d'une fatigue accumulée, pour reprendre de l'énergie. Ainsi, le frigo deviendra notre meilleur ami. Ou bien, pendant la soirée, en regardant la télé. Vous savez, ces allers et retours entre le salon et le frigo à chacun des commerciaux (de nourriture, bien sûr!). Moment fatidique où l'on se sert un biscuit, un verre de lait, et un autre biscuit pour finir le verre de lait. Finalement, sans nous en être rendu compte, nous avons ingéré un repas complet.

Un autre automatisme multiplicateur de calories me fit manger au-delà de ma volonté pendant longtemps. En préparant les repas, j'avais l'habitude de goûter à tout. C'était, pour moi, un moment de la journée où j'étais très vulnérable devant la nourriture. C'est en faisant un constat alimentaire (que je vous suggérerai plus loin) que je m'en suis rendu compte et que j'ai pu commencer à me débarrasser de cet automatisme.

À l'inverse des gens ayant un poids-santé (parce qu'ils écoutent leur faim la plupart du temps), j'ai remarqué que les gens ayant un surplus de poids consomment des aliments sans s'en rendre compte réellement. Souvent, ils vont manger pour être gentil, respectueux, s'oubliant eux-mêmes pour s'accommoder aux gens et aux circonstances.

Alors, comment répondre plus spécifiquement à nos besoins, comment nous départir de ces gestes automatiques qui nous font consommer ou gober de la nourriture au-delà de nos besoins réels?

Voici un début de réponse : la nature a horreur du vide.

Prenons un exemple. Pour suivre un régime amaigrissant, il faut nécessairement se priver. Il est fortement conseillé de ne pas manger le soir, de ne plus aller dans la cuisine après 19 heures, de cacher la boîte à biscuits, d'oublier les chips ou de les ranger très, très loin... Comme vous l'avez remarqué, ce sont des petits trucs de modification de comportement, mais cela crée un vide... Chassez le naturel... il revient au galop!

Tôt ou tard, les émotions aidant, la meilleure volonté du monde n'arrive plus à contrôler cette sensation de privation ou de vide. La nature étant face à un vide, elle revient en arrière parce qu'elle n'a pas de meilleures solutions. Nous reproduisons des comportements indésirables parce que nous n'avons pas d'autres choix disponibles.

Après ces quelques exemples dans lesquels vous vous êtes probablement reconnu, voici comment y remédier. Cela consiste à rajouter de nouveaux comportements, de nouvelles réponses satisfaisantes à ces moments vulnérables pour agir différemment face à la nourriture. Pour y arriver, il s'agit de s'étudier, s'observer minutieusement et faire des petits changements.

QUATRIÈME CONSIGNE :
FAIRE UN CONSTAT ALIMENTAIRE

Afin de trouver de nouvelles solutions, de nouvelles réponses face à la nourriture, il faut tout d'abord prendre conscience de ses moments de la journée où l'on est vulnérable. Comment? D'abord inscrire tout ce qu'on mange dans sa journée (voir la feuille du constat alimentaire à la fin du chapitre). À quelle occasion ou à quel moment je mange? Avec qui? Noter même son état émotif à ce moment-là. Qu'est-ce qui a fait que j'ai mangé? Par exemple, je mange chaque soir devant la télé, je le note. Avant de me coucher, je bois mon verre de lait en mangeant quelques biscuits, je le note. Je mange en préparant le repas, etc... Soyez curieux envers vous-même. Vous serez étonné de vos habitudes. Quand vous verrez la liste d'aliments que vous avez bouffés dans une journée, vous n'en croirez pas vos yeux!

Il est important de noter que, même en faisant ce constat, vous pouvez vous permettre de manger comme il est recommandé dans les chapitres précédents. Il ne s'agit pas ici de faire attention à ce que vous mangez comme dans une diète. Le but est de mieux vous connaître et de prendre conscience des moments où vous mangez en excès ou sans avoir nécessairement faim. Ce sont ces moments-là qui rajoutent des calories superflues et font prendre du poids.

Soyez honnête envers vous-même. Il y a un principe qui dit : où on met sa conscience, on grandit. Le fait de prendre conscience de ce que l'on bouffe dans sa journée et de l'admettre, c'est déjà un grand pas vers la victoire. Étudiez-vous comme si vous étiez sous la lentille d'un microscope; observez-vous minutieusement. N'est-ce pas intéressant de s'observer? Fascinant même! Après toutes ces années de régimes et de règles, que se passe-t-il?

Toutes les occasions sont bonnes pour manger un petit quelque chose. La plupart du temps, on mange sans avoir faim d'ailleurs. On mangera pour ne pas déplaire à son conjoint, lui qui nous a préparé si gentiment un petit déjeuner. En arrivant au bureau, une bonne odeur de café frais chatouille nos narines... Pourquoi pas aller en chercher un à la cantine et l'accompagner d'un biscuit? (Un petit coup d'énergie pour l'avant-midi!) L'heure du dîner arrive. Un ami nous invite à l'accompagner au resto. Même si l'on n'a pas réellement faim et qu'on avait apporté son « casse-croûte santé », on ira quand même histoire d'avaler une petite assiette. La liste peut être très longue. Ce ne sont que quelques exemples.

Faire ce constat, c'est un service que l'on se rend. C'est prendre volontairement conscience de ses comportements aberrants et, par le fait même, en arriver plus facilement à trouver des solutions concrètes sur mesure pour se diriger vers son objectif minceur.

Si l'on veut vraiment changer, il faut d'abord trouver où ça ne va pas. S'il y a une ou des situations à corriger, dites-vous bien qu'il y a plusieurs solutions possibles. Découvrir les moments où il y a des changements à faire et arriver à les faire vous mèneront à des résultats différents de tout ce que vous avez obtenu jusqu'à maintenant. Il est important pour votre démarche de prendre quelques minutes par jour pour vous occuper de la personne la plus importante dans votre vie... VOUS. Ce sera le début d'un beau voyage à l'intérieur de vous-même.

En lisant ce livre, de toute évidence, vous prouvez que vous avez un intérêt pour votre personne. Mieux encore, vous avez déjà investi sur vous-même. Alors, commencez un constat (à l'amiable!) alimentaire et cherchez à vous découvrir. Quelques minutes au cours de la journée vous rapporteront des résultats fascinants à long terme.

Dès que vous aurez fait ce constat et que vous aurez identifié vos moments vulnérables, il sera possible, dès lors, de trouver de nouvelles réponses. Ainsi, ce sera vous qui piloterez votre cerveau et non la nourriture ou les occasions de manger qui vous guideront! La suite de ce chapitre vous donnera des moyens pour commencer à changer et à installer de nouveaux comportements. Ensuite, vous aurez la possibilité de mettre en place de meilleurs scénarios (chapitre 7) qui vous amèneront à votre objectif minceur tout en respectant vos besoins émotifs et nutritionnels.

En faisant les exercices prescrits dans le constat alimentaire, il est à noter que les consignes précédentes sont toujours de mise : se permettre de manger et continuer d'expérimenter la faim encore une fois, si le cœur vous en dit. En gardant toujours la même optique, la même ligne de pensée, votre corps ressentira que vous êtes toujours avec lui et il vous récompensera en conséquence. Souvent, mes clients enregistrent dès le début de la démarche un regain d'énergie, une joie et un regard nouveau sur la vie... avec une diminution du besoin de manger. N'est-ce pas ce que vous recherchez?

CINQUIÈME CONSIGNE : **FAIRE DES CHANGEMENTS DANS SES HABITUDES DE VIE**

I. Changement de routine

Vous avez dû observer, d'après votre constat alimentaire, certains automatismes qui vous font manger sans penser. Voici une manière intéressante pour aider à changer sans douleur et commencer à être une nouvelle personne. Commencez par faire des petites entorses sur les habitudes de vie assez routinières, mais qui peuvent devenir amusantes et intéressantes si on les change. Par exemple, le matin, pourquoi pas varier le petit-déjeuner. De temps à autre, allez déjeuner ailleurs. En revenant de travailler, au lieu d'entrer automatiquement à la maison par la porte de côté, entrez par la grande entrée, majestueusement. Et, au lieu d'aller systématiquement regarder votre courrier et vos messages sur le répondeur, allez vous changer et mettez de la musique. Au lieu d'ouvrir la porte du frigo, embrassez vos enfants, votre conjoint(e), parlez à vos fleurs ou dites bonjour au voisin. Après le souper, pourquoi ne pas aller faire une promenade, un tour de vélo, au lieu de s'effondrer devant le téléviseur. Il sera toujours temps de s'asseoir. Tout en pensant que la nourriture est toujours permise, il est intéressant de faire de petits changements en apparence anodins. Cependant, en vous observant bien, remarquez ce que ces petits changements vous apportent. Si cela vous demande trop d'effort, faites un changement aux deux ou trois jours ou un par semaine. Certaines personnes ne peuvent pas changer d'habitude trop rapidement, surtout si elles ont un horaire de travail très chargé ou qu'elles doivent s'occuper de leur famille (particulièrement avec de très jeunes enfants). L'important, c'est de commencer à penser autrement pour vous et de faire de petites actions en ce sens. N'oubliez pas que tout ceci doit être facile à faire et à incorporer dans votre vie de tous les jours.

II. S'offrir de nouvelles options face à la nourriture

Considérant que maintenant vous connaissez vos moments de vulnérabilité, nous allons ici commencer à identifier des nouvelles réponses pour ces moments qui vous font manger outre mesure.

Par exemple, j'arrive de travailler, il est 16 h 30. Je suis fatiguée, mes enfants vont arriver dans quelques minutes et je dois préparer le souper. Je me demande si je le fais ou non, tellement je suis épuisée. Normalement, à cette heure-là, je fais toujours la même chose. J'entre dans la cuisine et j'ouvre la porte du garde-manger ou du frigo et je grignote un petit quelque chose... et un autre et un autre. Tantôt du salé, tantôt du dessert de la veille. Je n'ai que le goût de « m'écraser ». Je continue de grignoter n'importe quoi comme un robot. Et, tout à coup, je réalise que j'ai pratiquement soupé. J'ai mangé debout dans la cuisine, en vitesse, de peur qu'on me prenne en flagrant délit. (De quoi?) Et le pire, c'est que je n'en étais pas vraiment consciente. Et le vrai souper s'en vient... Observons et changeons ce comportement. En entrant, sachant que je suis fatiguée et que je vis un moment de vulnérabilité, je vais d'abord aller me changer pour être plus confortable, m'asseoir et prendre quelques instants pour relaxer ou me permettre de boire un jus de légumes si j'ai un peu faim.

Créons une autre réponse. Je peux prendre un bon bain chaud ou me détendre un peu sur le lit en écoutant de la musique. Puis, dans les quelques minutes qui vont suivre, je pourrai aller faire le souper. Je me sentirai beaucoup plus calme, je serai certainement plus patiente avec les enfants et je passerai sans doute une belle soirée.

On peut se faire des scénarios différents selon les jours de la semaine si l'on veut. Il est cependant très important de se respecter dans son contexte de vie familiale et sa vie professionnelle.

Gaétane, une mère de quatre enfants, me racontait ce qui était très important pour elle : c'était que, au retour de l'école, ses enfants aient une collation déjà toute prête. Bien sûr, pour Gaétane, cette nourriture était une source de tentation à laquelle elle succombait. Après un certain temps d'observation, Gaétane constata que ses enfants n'avaient pas tellement faim en revenant de l'école, mais que c'était elle, en bonne mère, qui pensait que c'était primordial pour eux d'avoir une collation en fin d'après-midi. Quelle découverte pour Gaétane! Elle changea de scénario. Au lieu de leur offrir à manger tout de suite, elle resta tout simplement disponible pour écouter ce qu'ils avaient à lui raconter de leur journée à l'école et ensuite ils allaient jouer dehors. Ainsi, Gaétane avait quelques minutes de repos et ne succombait plus à d'inutiles calories. Quelle victoire! Elle en était très fière, surtout que, dorénavant, elle réussissait à manger la juste quantité au souper sans ajouter de calories inutiles et se sentir coupable pour le reste de la soirée. Ceci a eu un impact majeur pour elle dans sa démarche minceur.

Voici un autre bel exemple de quelqu'un qui respecte son contexte de travail. Serge, homme d'affaires, rencontre très souvent ses clients au restaurant. Chaque fois, me disait-il, il prenait la table d'hôte sans vérifier le menu. En plus, il accompagnait ses invités en partageant une bouteille de vin. Si c'était un buffet, il emplissait ses assiettes au maximum. Devant le choix des plats, il se sentait tenté par tout. Dans un moment où l'on peut être aussi vulnérable, vaut mieux trouver d'autres options. Voici ce que Serge a décidé de faire : quand il reçoit le menu, il prend le temps de le regarder, de penser à son objectif minceur et il se demande s'il a vraiment faim. Après cette pause intelligente, il choisit son menu. Il a, lui aussi, réalisé que son corps n'avait pas tellement besoin de nourriture à ce moment de la journée. C'est important d'être avec ses clients et aussi d'être en contact avec ses besoins. Les deux sont possibles. Maintenant, avec un choix plus judicieux d'aliments, il est satisfait et travaille mieux l'après-midi. Il ne se sent pas obligé de manger autant que ses invités et respecte quand même ses obligations professionnelles. C'était déjà mieux pour lui. Une autre option que Serge a trouvée, c'est qu'il s'est arrangé pour planifier des rencontres avec ses clients dans un autre contexte que les restaurants, quand c'était possible. Ainsi, il se sentait moins en situation de vulnérabilité.

Il a même continué à faire des changements pour la préparation de ses soupers. Il planifie davantage ses quantités et se préoccupe de la qualité de sa nourriture. Avant, s'il avait un kilo de viande au frigo, il préparait tout le paquet. Il a réalisé qu'un peu de viande lui suffisait avec quelques légumes. Il respecte ainsi son niveau de satiété. Son corps a commencé à se transformer en énergie et en harmonie pour son plus grand plaisir.

Comme vous pouvez le constater, chacun à notre manière, nous pouvons apporter de petits changements qui auront un impact important sur notre silhouette et nous permettront d'atteindre notre objectif minceur.

III. Changer son vocabulaire

Un jour, un ami, connaissant mon travail sur la maîtrise du poids, constata avec justesse que dans mon vocabulaire, j'utilisais souvent des expressions qui sont en relation avec les aliments. Moi qui avais travaillé si longuement pour piloter mon cerveau vers la minceur.

En effet, je commençai à m'observer sérieusement et je m'entendis dire toutes sortes de mots faisant référence à la nourriture. Vous savez, les expressions telles que :

- L'affaire est ketchup.
- Mettre de la viande autour de l'os.
- Ça passe comme du beurre dans la poêle.
- On est gras dur.
- Ça gâte la sauce.
- Ne pas en faire un plat.
- Ça baigne dans l'huile.

Comment voulez-vous changer la structure de votre pensée, devenir mince et le rester si, continuellement, ces mots et ces expressions résonnent à vos oreilles. N'oubliez pas que votre subconscient ou votre inconscient s'arrange toujours pour que vous ne soyez pas menteur ou menteuse. Alors, vaut mieux bannir ces mots de votre vocabulaire si vous voulez atteindre plus facilement votre objectif. Ainsi, la nourriture sera moins présente à votre esprit, vous aurez plus d'espace pour installer des mots de réussite et des nouvelles stratégies gagnantes. Pourquoi traîner des boulets alors que vous voulez vous alléger? Voici des mots et des phrases de remplacement :

- L'affaire est conclue.
- Nous allons améliorer la situation.
- Ça marche très bien, ça passe.
- Nous sommes gagnants.
- Il y a interférence.

- S'en moquer.
- Tout va comme sur des roulettes.

Alors, à vos détecteurs de mots...

Maintenant, nous verrons comment créer de nouvelles réponses qui vont nous aider à maigrir et maîtriser un poids-santé de manière de plus en plus naturelle et efficace...

Constat alimentaire

Aliments	Heure	Endroit	Déclencheur	Faim (0-5)	Émotions

Le déclencheur est ce qui vous fait manger : l'occasion, l'émotion ou la réaction particulière à un événement.

Le niveau de faim est très important à déterminer.

0 = pas faim du tout　1 = très peu faim　2 = un peu faim
3 = moyennement faim　4 = assez faim　5 = très faim

Connaître l'émotion va permettre d'identifier les ressources intérieures à utiliser pour changer les réponses face à la nourriture (chapitre 9).

Résumé

- ❑ Nos automatismes nous font manger outre mesure.
- ❑ Pour trouver de nouvelles solutions, il s'agit d'abord de s'observer.

Quatrième consigne :
Faire un constat alimentaire

- Faire le constat alimentaire pendant au moins une ou deux semaines afin de déterminer ses moments de vulnérabilité pour une meilleure connaissance de soi.

Cinquième consigne :
Faire des changements dans ses habitudes

- Se faire un nouveau rituel, particulièrement avant les repas.
- Faire de petits changements dans sa routine.
- Imaginer de nouvelles options et les tester.

• Observer attentivement son vocabulaire et en bannir les expressions concernant la nourriture.

Chapitre 7

Nous sommes
le reflet de nos pensées.

Comment installer de nouveaux programmes

Comme je l'ai fait au premier chapitre, je vais continuer à comparer notre cerveau à un ordinateur. Désormais, on connaît le programme que l'on veut suivre (scénarios) et on a pris conscience des boutons de commande (déclencheurs). Il y a peut-être encore des logiciels inutiles, inefficaces, que l'on voudrait modifier parce que notre observation nous a fait prendre conscience de nos comportements à modifier. On est devenu plus conscient de certains comportements. Ces vieux programmes peuvent être changés, transformés et améliorés.

Vous allez donc vous reprogrammer, c'est-à-dire installer de nouvelles réponses à partir des déclencheurs que vous avez observés précédemment. Vous allez remplacer des vieux programmes qui vous amenaient à manger, à ingérer des calories superflues, par un nouveau système d'exploitation, tel un ordinateur, par une nouvelle manière de réagir face à la nourriture. Voyons comment y parvenir!

SIXIÈME CONSIGNE : **INSTALLER DE NOUVELLES RÉPONSES FACE À LA NOURRITURE**

Commençons par étudier comment se reprogrammer. D'abord, il faut déterminer ce qui déclenche nos gestes automatiques. Quel est le point de départ de nos comportements aberrants? Quel est le déclencheur?

Qu'est-ce que j'appelle un déclencheur? Comparons-le à la gâchette d'un fusil. C'est un petit instrument, la détente, qui va commander le coup de départ d'une arme à feu. Tant que je ne touche pas en appuyant sur la gâchette, il ne se passera rien. Mais, si je presse la détente, immédiatement, le coup va partir. Après, je ne peux plus revenir en arrière. La balle suit son cours, va vers son but!

Dans ce qui nous intéresse, le déclencheur, c'est tout simplement ce qui provoque le réflexe de manger, comme la vue de la nourriture ou une annonce à la télévision. Pour certaines personnes, l'aiguille de la montre ou l'heure des repas devient un déclencheur très puissant. C'est souvent assez pour « faire partir le coup ». Ouvrir le frigo et regarder ce qu'il y a d'intéressant à l'intérieur, par exemple, fait ingurgiter des centaines et des milliers de calories sans qu'on s'en rende compte.

Dans la technique qui va suivre, on va étudier une

façon simple et sans privation de répondre à la nourriture d'une autre manière pour atteindre l'objectif minceur.

Peut-être vous dites-vous : « C'est bien beau tout ça, mais j'ai déjà essayé toutes sortes de trucs pour y arriver. Pourquoi celui-ci fonctionnerait-il plus que tous les autres? » Question tout à fait légitime! La différence avec cette technique-ci, c'est que vous allez travailler avec vos forces. Votre cerveau a la capacité d'apprendre très vite et, de plus, il apprécie de travailler avec des ressources et des forces au lieu d'y mettre seulement de la volonté dans des moments difficiles. N'est-ce pas plus intéressant? Les techniques suivantes seront pour votre cerveau des options attirantes qu'il acceptera d'incorporer à ses programmes existants. Comme elles sont attirantes pour lui, il s'en servira plus que les autres qui sont frustrantes et difficiles. Ainsi, en agissant différemment face à la nourriture, vous éviterez d'absorber des calories en surplus.

Revenons à cette première technique suggérée :

Pour arriver à maîtriser nos comportements alimentaires, déterminons d'abord notre déclencheur. Il faut préciser à quel moment je suis sollicité par la nourriture. Quel est le point de départ de mes gestes automatiques?

Pour ma part, chaque fois que j'entrais dans la cuisine, juste avant l'heure des repas, je mangeais une bouchée de n'importe quoi! Morceau de pain, de gâteau, restant de yogourt, bout de fromage. Une poubelle n'aurait pas été pire. Entrer dans la cuisine... était pour moi un déclencheur. À vous de déterminer le vôtre. Si vous avez rempli le constat alimentaire en vous observant minutieusement, je suis persuadée que vous en avez déjà trouvé plusieurs.

Inventer un nouveau scénario

Après avoir trouvé son déclencheur, on se fait un nouveau scénario, une nouvelle réponse à partir de ce déclencheur.

Qu'entend-on par se faire un nouveau scénario? Il s'agit tout simplement de se demander ce que je voudrais faire de différent, de plus satisfaisant pour moi quand j'entre dans ma cuisine. Comment dois-je agir pour que je puisse poursuivre mes objectifs, pour que mes habitudes changent?

Il me faut imaginer un scénario qui va prendre la place de mes anciens gestes. C'est important de créer une nouvelle manière d'agir qui va me donner une réponse plus satisfaisante que grignoter n'importe quoi. Cette nouvelle réponse devra cependant respecter mes exigences quotidiennes, sinon, il sera difficile d'y croire. Si mon cerveau n'y croit pas ou si le cœur n'y est pas, alors, mes gestes n'iront pas dans ce sens-là.

Pour bâtir un nouveau scénario, on imagine tout ce qu'on voudrait y faire et en couleur et en action. Ce que je veux voir sur mon écran personnel, c'est ce que je voudrai faire à l'avenir dans cette circonstance. Ce sera ma nouvelle façon d'agir quand j'entrerai dans ma cuisine.

Je continue mon exemple...

D'abord, il faut vous imaginer un film dans lequel vous êtes l'acteur principal. Vous êtes le personnage central de l'image. Vous y mettez de la couleur, du son, et le décor, c'est celui de votre cuisine. Votre film doit donner une réponse désirable, irrésistible. Si ce n'est pas assez intéressant, s'il manque de l'intensité à vos images, il n'y aura pas d'impact majeur et de changement. Votre cerveau ne le choisira pas pour remplacer l'autre comportement insatisfaisant et indésirable pour votre objectif. Il n'y aura pas beaucoup de chances d'avoir des résultats positifs.

Vous devez imaginer la scène où vous entrez dans votre cuisine. Par exemple, vous entrez comme d'habitude, seulement, au lieu d'ouvrir la porte du frigo, vous allez boire un verre d'eau lentement. Ensuite, vous allez à votre chambre pour relaxer quelques minutes (si c'est en rentrant de travailler). Rien de compliqué.

Moi, dans mon scénario, je me voyais dans ma cuisine, au comptoir, prenant un verre d'eau tranquillement. Je voyais Raymonde bien droite, décidée, ferme et détachée, buvant son verre d'eau. Après, j'allais m'asseoir et je pensais à ce qui allait arriver de ma journée ou de ma soirée. Je me donnais du temps.

Cette façon d'agir, à ce moment-là, était pour moi la meilleure réponse que j'avais choisie. Au lieu de manger n'importe quoi, je prenais un verre d'eau, et là, je décidais de ce que j'allais manger pour le souper.

Afin que cette technique réussisse, précisons que l'image doit être bien claire, bien détaillée et que vous devez vous voir dans la pièce. Ce personnage étant vous-même, il doit avoir toutes les qualités requises pour bien agir. Il ne faut surtout pas vous donner des capacités de quelqu'un d'autre ou vous prendre pour un autre, votre cerveau n'acceptera pas ces nouvelles images. Si vous bâtissez un scénario pour une danseuse-étoile de ballet classique ou un athlète de biathlon (leurs besoins ou exigences alimentaires sont probablement différents des vôtres), l'écart sera trop grand pour être acceptable. Comment pourriez-vous y croire? Soyez réaliste et bâtissez un scénario de vous-même en processus de changement.

Dans votre film, vous devez vous voir avec votre poids réel, et avec des comportements différents. Si ces derniers sont acceptés par le cerveau, ils seront efficaces. Ils rentreront en action à partir du déclencheur quand vous revivrez ce moment crucial. Le nouveau logiciel, c'est-à-dire le nouveau scénario, s'installera automatiquement au fil des jours suivants.

Prenons un autre exemple pour bâtir un scénario. Je suis à table et il y a un dessert devant moi. Mon déclencheur est la vue du dessert. Habituellement, j'en prends raisonnablement, mais la vue de cette tentation directement devant moi me porte souvent à en manger beaucoup plus, même si je n'ai plus faim.

Pour mon nouveau scénario, le déclencheur, c'est ce que je vois. Et pour bâtir l'image de ce déclencheur, je vois la situation comme si j'étais l'œil de la caméra. Devant moi, je vois une assiette, mes mains, un dessert, une table... J'imagine une photo dans ma tête. Je vois une image fixe du début de mon comportement. J'ai ma photo bien claire devant moi.

Ensuite, j'imagine mon film en remplacement de l'ancien comportement indésirable. Pour moi, c'est Raymonde qui est à table. On lui offre un dessert. Elle dit respectueusement : « Non, merci! C'est délicieux, mais, j'en ai assez. » Elle s'assoit au fond de sa chaise et regarde le dessert d'un air détaché. Elle est satisfaite et contente d'elle intérieurement. Maintenant que le nouveau scénario est bâti, il s'agit, dans ma tête, de l'installer en condensé, comme un petit point noir, au milieu de la photo du déclencheur. Puis, lentement, à partir du petit point, j'agrandis l'image jusqu'à recouvrir complètement la photo. Et, là, mon film du nouveau comportement commence, s'anime, s'agrandit dans ma tête, devient ma nouvelle réalité. N'oubliez pas que le cerveau ne fait pas de différence entre ce qui est imaginé et ce qui est réel. Autant s'en servir pour s'améliorer.

Donc, à partir de l'image fixe (le déclencheur), le dessert devant moi sur la table, je fais arriver immédiatement le film en couleur de ma nouvelle réponse. L'important dans cette technique, c'est de faire arriver immédiatement le film du nouveau comportement dès que vous voyez votre déclencheur, afin que le nouveau scénario s'installe dans votre esprit. Vous trouverez une synthèse de cette technique un peu plus loin dans ce chapitre pour vous aider à bien saisir les étapes de la reprogrammation.

Afin d'être bien comprise, je vous donne un troisième exemple de la technique :

À certains moments de la journée, j'entre dans ma cuisine, et, en flânant, je mets la main sur la poignée du frigo. Je l'ouvre. Je prends quelque chose que j'aime, un morceau de fromage par exemple, mais je n'ai pas vraiment faim. Ce n'est que de la curiosité et je ne sais pas quoi faire dans la maison. Mon déclencheur sera ma main sur le frigo.

Première étape : je prends une photo avec mon œil-caméra. Qu'est-ce que je vois? Une main sur la poignée de mon frigo. Deuxième étape : je passe un nouveau scénario que je visionne sur un grand écran comme un film en couleur. Je vois Raymonde qui ouvre une porte de frigo et qui, d'une manière détachée, regarde l'intérieur sans conviction et referme la porte.

Techniques de transfert de scénarios

Pour que ce soit bien clair, je vais résumer cette technique de transfert d'images. Elle aura un impact sur vos comportements futurs dans des situations où vous êtes vulnérable.

1. Identifier la conduite à transformer dans des moments vulnérables.

2. Trouver votre déclencheur. (Exemple : j'entre dans ma cuisine.)

3. En faire une photo claire dans votre esprit. Vous êtes l'œil de la caméra.

4. Créer le film dont vous êtes l'acteur principal. Vous vous voyez agir dans le nouveau comportement que vous désirez à ce moment-là, axé vers votre objectif minceur. (Exemple : je me dirige vers le comptoir pour boire un verre d'eau posément et réfléchir à ce que je veux faire à ce moment-là.)

5. Vérifier s'il y a des objections à l'intérieur de vous. Si oui, réajuster votre film en conséquence. (Voir l'explication un peu plus loin.)

6. Il est recommandé de s'installer confortablement dans un endroit paisible où vous pourrez vous concentrer sur votre projet de reprogrammation et de fermer les yeux pour faire ce transfert d'images.

7. Afin de relier les deux images pour effectuer le changement dans votre cerveau, il s'agit de :

   - Voir la photo du déclencheur bien clairement dans votre tête.
   - Installer le film du nouveau comportement désirable dans le milieu de votre photo, mais en condensé (en très petit, comme un point noir).
   - Ensuite, dès que vos deux images sont installées, vous faites arriver le film en couleur en grande dimension. Le film doit complètement superposer la première image et même plus encore.
   - Finalement, rester quelques instants sur ce film du nouveau comportement qui vous aide à changer.
   - Recommencer ce transfert d'images au moins sept fois de suite et de plus en plus vite. Au début, les images arrivent tranquillement. En accélérant le processus, bientôt, le cerveau n'acceptera que le nouveau comportement. Adieu, la vieille habitude qui vous faisait manger pour rien.
   - Il est bon de la refaire aussi pendant trois jours consécutifs. Ainsi, vous installerez solidement le processus.

Une autre étape est nécessaire pour accentuer les bienfaits de cette technique. Il est important de vérifier si, à l'intérieur de vous, il y a certaines objections à ce que ce nouveau comportement soit installé dans votre vie. Vous savez, les petites voix à l'intérieur de nous qui nous disent : Oui, mais... Ce sont des messages très importants pour nous qu'il faut prendre en considération.

Quand je l'ai fait pour moi (dans le premier exemple), au lieu d'entrer dans la cuisine et de manger les restes des enfants, j'entrais dans la cuisine et je prenais un verre d'eau. Mais quelque chose s'objectait en moi. Je me disais que si je prenais un verre d'eau tout le temps au lieu de manger, j'allais mourir de faim éventuellement. Je vais toujours boire de l'eau et je ne mangerai plus. Alors, j'ai apporté des modifications à mon scénario. Désormais, je vais prendre un verre d'eau, je vais m'asseoir, et si c'est l'heure du souper, je mangerai. Sinon, je passerai à autre chose. Ainsi, je me donne la possibilité de manger si j'ai faim, comme je l'ai recommandé dans les chapitres précédents. C'est important que notre nouveau scénario respecte notre réalité.

Au début, le changement ne se fera probablement pas automatiquement. Cependant, vous serez conscient de votre déclencheur et de vos comportements indésirables au lieu d'agir comme un automate. C'est déjà le début d'une belle victoire! Ensuite, il y aura enclenchement dans les moments pertinents sans que vous le réalisiez.

Un de mes clients, Gilles, a trouvé par cette technique un moyen formidable de se défaire d'une fâcheuse habitude de grignoter sans s'en apercevoir. Sa source de tentation était un plat de noix sur la table. Voici ce qu'il a fait pour changer son geste automatique. Il nous l'explique lui-même :

« Supposons que je voie un plat de noix sur une

table. Je suis tenté d'en prendre. Je sais très bien que lorsque je commence à manger des noix, j'ai bien de la difficulté à m'arrêter. Il est inutile de les cacher dans le fond de l'armoire, car j'ai de la mémoire. Alors, je me suis bâti un nouveau scénario pour changer mon attitude devant ce plat de noix. Dans mon film, je passe à côté de ce plat sans qu'il m'intéresse, comme si c'était un plat de billes. En suivant à la lettre la technique de transfert, j'ai pu me débarrasser de cette mauvaise habitude. Ma digestion s'est grandement améliorée et ma silhouette autour de la ceinture a changé pour le mieux. »

Revenons à la technique. Ce qui est important dans cet exercice, c'est la répétition et la vitesse, de sorte que le cerveau acceptera le nouveau scénario rapidement et apparaîtra automatiquement quand vous subirez le déclencheur. Cette méthode de reprogrammation est très efficace surtout pour les gens qui ont une facilité à se faire des images, à voir dans leur tête. Si vous êtes un lecteur qui a de la difficulté à visualiser, d'autres types de reprogrammation seront présentés dans les chapitres suivants pour vous aider à installer différemment des nouvelles réponses.

Pour continuer dans la même ligne de pensée, dans le prochain chapitre, nous allons étudier une autre manière de changer.

J'ai remarqué dans ma pratique que les gens qui ont un surplus de poids agissent plutôt impulsivement devant la nourriture. Un gage de réussite dans l'objectif minceur est d'installer un moment de réflexion entre l'impulsion et l'action de manger.

Quand vous prendrez le temps de vous poser les bonnes questions sur votre faim ou votre appétit, avant de manger, vous augmenterez vos chances de succès.

Résumé

Sixième consigne :
Installer de nouvelles réponses face à la nourriture

Pour intégrer une nouvelle réponse plus satisfaisante :

- ❏ Trouver le moment vulnérable.
- ❏ Identifier le déclencheur.
- ❏ S'en faire une image fixe. (Mon geste avant de manger.) Les yeux fermés.
- ❏ Identifier et bâtir une nouvelle réponse agréable et satisfaisante. (Film dans lequel je me vois comme acteur principal.)
- ❏ Faire un examen de soi afin de vérifier s'il y a des objections à installer ce nouveau comportement. Réajuster s'il y a lieu.
- ❏ Installer votre film condensé (comme un petit point noir) au milieu de votre image fixe (déclencheur).
- ❏ Relier les deux images :

Les yeux fermés, voyez la première image fixe avec, au milieu, le film condensé de la nouvelle réponse à installer. Concentrez-vous sur le petit noir et, en moins d'une seconde, agrandissez ce film (petit point) jusqu'à ce qu'il recouvre entièrement la première image. Mettez-y de la luminosité, de la couleur. Refaire sept fois de suite.

- ❏ Vérifier. Imaginez maintenant la première scène. Que se passe-t-il? Vous revoyez le film? Très bien!

- ❏ Vérifier dans le futur. Imaginez une situation future dans votre tête, préférablement les yeux fermés, à partir de votre déclencheur. Que se passe-t-il à nouveau? Vous êtes différent et vous agissez différemment? Excellent! Votre cerveau a choisi la nouvelle réponse pour réagir différemment les prochaines fois. Sinon, recommencez la technique en suivant bien les étapes.

Chapitre 8

Le succès
fournit la clé du succès.

Comment les gens minces pensent-ils?

Avez-vous remarqué que les gens qui ont un poids normal et stable vérifient automatiquement s'ils ont faim lorsqu'ils sont devant la nourriture et s'interrogent sur ce qu'ils ont le goût de manger? C'est tout à fait inconscient et ils le font régulièrement. Leur corps leur envoie des signaux exacts auxquels ils répondent assez facilement. Ils mangent à leur faim tout simplement, et la nourriture ne semble pas les attirer outre mesure ou seulement à l'occasion. Aussi curieux que cela puisse paraître, même s'ils apprécient la bonne nourriture, ils ne sont pas conditionnés par elle. Ils n'y pensent pas nécessairement souvent, sauf s'ils ont faim. Qu'ils la voient ou la sentent, s'ils n'ont pas faim, ils n'auront pas le goût de manger et, pour eux, c'est bien normal.

Parfois, les gens qui sont minces vont se laisser influencer, c'est-à-dire qu'à l'anniversaire d'un ami ou à l'occasion d'un souper, ils vont peut-être manger un peu plus, mais on les verra souvent repousser leur assiette parce qu'ils n'ont plus faim. Ils agissent ainsi de manière intuitive et inconsciente. Ils sont attentifs aux signaux que leur envoie leur corps. D'où l'importance de réapprendre à décoder les signaux de la faim, de respecter son niveau de satiété et ses goûts.

C'est un peu frustrant, pour une personne qui a un surplus de poids, de voir agir ces gens de la sorte. De les voir si indifférents devant une assiette appétissante. Si l'on pouvait parvenir à un tel détachement, favoriser un temps de réflexion et se demander si on a vraiment faim, probablement que l'on mangerait moins, car, à ce moment, nous respecterions les signaux de notre corps. Ainsi, on économiserait des calories et on ferait de grands pas vers la minceur. Ne serait-il pas intéressant pour nous aussi d'arriver à cet automatisme? C'est vraiment le début de la sagesse face à la nourriture et un grand pas vers la réussite.

De ce fait, le processus de sélection des aliments s'enclenche rapidement et, au fur et à mesure qu'on l'utilise, il devient normal dans le quotidien. Les quantités de nourriture ingérées diminuent et le corps s'allège, change. La silhouette se réharmonise. La méthode est enclenchée et les résultats s'accumulent dans un sens inversement proportionnel aux calories. Tout ceci avec, en prime, une énergie rayonnante qui fait dire aux gens qui vous entourent : « Mais, tu as changé, toi? Qu'est-ce que tu as fait de spécial? »

SEPTIÈME CONSIGNE :
INSTALLER UN MOMENT DE RÉFLEXION AVANT DE MANGER

Pour y arriver, il faut envisager une nouvelle stratégie de décision. Ceux qui ont un surplus de poids ont des réactions immédiates. Ne sachant quoi faire, ils vont vers la nourriture. Alors, souvent, ils dépassent leurs besoins nutritionnels.

Quand on peut introduire le moment de réflexion entre l'envie de manger et l'action de manger, il devient plus facile de choisir exactement ce que l'on peut manger ou décider de ne pas manger. J'ai remarqué dans ma pratique que les gens qui arrivent à maigrir sont ceux qui ont réussi à installer efficacement une nouvelle stratégie de décision incluant un temps de réflexion.

Après avoir fixé ses objectifs, avoir mis à jour ses moments vulnérables, trouvé de nouvelles solutions et s'être reprogrammé, on verra à établir une nouvelle stratégie de décision pour intensifier les résultats à long terme.

Pour ce faire, je vais utiliser une comparaison qui vous permettra de comprendre le processus à installer. Cette comparaison permet de constater que vous utilisez déjà une stratégie efficace de décision dans votre vie et cela vous rend de grands services.

Voici : quand je m'achète un vêtement, je dois prendre une décision. Je peux acheter un vêtement de 30 $ ou 300 $, selon mon budget. Tout est sur le marché. Toutes les options sont possibles. Supposons que je vois un manteau qui me plaît. Je me demande d'abord : En ai-je besoin? Mon budget me le permet-il?

Après avoir réfléchi, j'achète ou j'attends. On nous dira que s'acheter un beau vêtement, ça peut remonter le moral, comme se payer un bon repas. Oui, à l'occasion. Mais, en général, il faut respecter son budget ou ses moyens financiers et être raisonnable si on ne veut pas avoir des dettes continuelles.

Alors, voyons comment s'y prendre. Premièrement, il suffit de penser à un bon achat, à un bon investissement qu'on a fait dernièrement. Cette acquisition, que l'on considère comme un avantage dans notre vie de tous les jours, nous apportera un bon exemple pour nos stratégies de décision, que l'on transférera à nos choix alimentaires. N'est-ce pas intéressant de se rendre compte que nous avons déjà à l'intérieur de nous des modèles performants de décision?

Comparons cet exemple avec une bonne stratégie pour respecter son niveau de satiété.

Achat de vêtement	Décision de manger
1. Vue du vêtement.	Vue de la nourriture.
2. Je vérifie mon budget.	Je vérifie mon objectif minceur.
3. Je vérifie mes besoins.	Je me demande : ai-je faim?
4. Je décide d'attendre.	Je décide de manger moins ou pas du tout.
5. Je respecte mon budget.	Je respecte mon niveau de satiété.
6. Je me trouve raisonnable.	Je suis fière de moi.
7. Je me félicite.	Je me félicite.

Pour installer une nouvelle stratégie, il faut connaître son objectif minceur. Pour quelles raisons je veux maigrir? Quelles sont mes intentions et mes motivations profondes? Est-ce pour avoir une meilleure image de moi-même? Pour porter des vêtements élégants et être fier de moi? Pour être bien dans ma peau? Peut-être parce que je ne veux plus qu'on me traite de grassouillet? Je ne veux plus peser plus de 90 kilos (200 livres), avoir mal aux jambes, être essoufflé? Ou encore ne pas renouveler ma garde-robe? Toutes ces questions pour expliquer que certaines personnes prendront ces décisions pour se diriger vers un objectif précis. D'autres, voudront s'éloigner de la douleur, de ce qu'ils ne veulent plus. C'est très important de préciser son objectif, car cela permettra à notre nouvelle stratégie d'être très efficace.

Ouvrons une parenthèse. Il y a des gens qui sont rebelles. Ils prennent de bonnes décisions, leur objectif est défini, mais ils vont à l'inverse. Ils décident de suivre un régime à partir de lundi, par exemple. Au lieu de maigrir, ils commencent à prendre du poids. Beaucoup de gens ont cette réaction inverse. On dira que c'est une réaction de rébellion. Si c'est votre cas, il s'agira d'intégrer une image très négative, qui aura comme impact de vous amener dans le sens inverse, donc, vers le positif.

Installer une nouvelle stratégie de décision, en prenant exemple de nos réussites, a pour avantage d'éviter la rébellion. Personne ne nous impose sa vision, sa façon d'agir. Ce qui est bon pour les autres n'est pas nécessairement bon pour nous. Nous aurons plus de chances de réussir parce que c'est notre choix. Habituellement, c'est facile d'être d'accord avec ses propres choix!

D'abord, il faut déterminer le déclencheur (vue de la nourriture, repas ou l'heure des repas). Celui-ci étant bien défini, je peux passer à l'étape suivante. Côté visuel, en pensant à l'image de mon objectif minceur, je me demande si j'ai vraiment faim. Toujours en pensant à mon objectif, je décide si je mange, un peu ou pas du tout (comme nous l'avons vu au chapitre 5 pour respecter le niveau de satiété). Je prends ma décision et, ensuite, je me félicite en pensant à une victoire que je vais chercher dans un domaine de ma vie autre que la nourriture, comme l'achat d'un vêtement ou d'un accessoire plus ou moins utile où j'ai réussi à être raisonnable et à prendre une décision bien réfléchie et pour le mieux. Je suis fier de moi parce que j'ai réussi à ne pas succomber à la tentation. Je me dis bravo!

Pour bien maîtriser la technique, voici quelques exemples concrets. Ils pourront vous inspirer à trouver des sources de référence pour votre stratégie de décision :

Cet exemple vient d'un de mes clients, Gérald, passionné de ski. « J'aime faire du ski. Je peux en faire pendant plusieurs heures par jour sans me lasser. Toutefois, je décide qu'à 15 h 30, j'arrête de skier. Pourquoi? Parce que je trouve qu'après ce temps, à cause de la fatigue, ça devient dangereux. C'est une décision sage. Je suis fier de ma fermeté de décision. Alors, je connecte cette expérience sage sur la tentation de la nourriture en surplus. Être capable d'arrêter même si c'est bon et que j'en raffole! Et ça marche.

Autre exemple. J'aime lire au lit en soirée. Je pense que, demain, il me faudra me lever tôt. Alors, au lieu de lire jusqu'aux petites heures du matin, j'arrête et j'éteins la lumière pour me lever en forme. Je pourrai continuer ma lecture demain soir. Voilà une belle victoire qui semble anodine mais qui implique une belle stratégie de décision efficace. Le déclencheur est le livre passionnant. Mon objectif, me lever demain matin en forme. La pause-réflexion est le questionnement par rapport à l'heure et au plaisir de lire que je veux faire durer longtemps. Quelle heure est-il? Est-ce que je continue ou j'arrête ici parce que, ainsi, je me lèverai en forme demain matin? Ce qui aide dans la décision à prendre, c'est de savoir que je pourrai toujours continuer plus tard ou demain soir. Il y en aura toujours. C'est permis! Comme pour la nourriture, n'est-ce pas? (Chapitre 4, première consigne.)

En résumé, chaque fois que le déclencheur se manifeste, je pense à mon poids-santé, à mon objectif. Est-ce que je me dirige vers quelque chose de beau ou si je retourne vers ce que je ne veux plus? Puis, je me demande si j'ai faim ou non tout en sachant que je peux me permettre de manger. J'en ai toujours la permission. Sinon, je choisis d'arrêter et je mets mon image de réussite. Je suis contente de moi parce que j'ai eu la capacité de réfléchir à temps, de prendre la bonne décision au lieu de bouffer n'importe quoi.

Ça demande beaucoup de répétitions au début. Pour chacun, le temps d'installer cette nouvelle stratégie pourra varier. Une bonne façon de l'intégrer dans notre vie est de la répéter comme une chanson, comme une ritournelle dans sa tête. Les jours où l'on a des pensées négatives, des doutes, où l'on se trouve gros et qu'on se demande si on va être capable, il faut tout de suite changer ces pensées et les remplacer par les images de cette stratégie. Ce n'est peut-être pas évident au début. Mais, lentement, on va s'habituer à remplacer des pensées négatives par des stratégies efficaces, lesquelles finiront par s'ancrer dans notre cerveau afin qu'il les utilise quand le moment sera pertinent.

En utilisant cette stratégie de décision, il faut supposer plusieurs scénarios pour obtenir un meilleur résultat. Comme exemple, je m'imagine dans un restaurant. On me présente le menu. Immédiatement, je vois mon objectif minceur. Je me pose la question à savoir si j'ai vraiment faim. Puis, je prends ma décision. Je choisis de manger une entrée et un dessert. Je sais que cela va me suffire. À ce moment-là, je vois mon souvenir de réussite, comme l'exemple du soir de lecture, et je sais que je peux me maîtriser. Alors, je me félicite. Je réalise que je suis capable d'y arriver. Et c'est le début d'un temps nouveau. (Comme dans la chanson.)

Vous aurez plus de maîtrise, plus de distance face à la nourriture. Vous constaterez qu'en vivant cette expérience, vous allez vous questionner souvent. Certains clients me disent, lorsqu'ils reviennent au bureau pour poursuivre leur démarche, qu'ils se sont parlé beaucoup durant la semaine. Plus on se parle, plus on prend le temps de réfléchir et plus on a la chance de manger l'exacte quantité de nourriture dont on a besoin. Alors, au fur et à mesure que le temps va passer, on va décider de ne pas manger quand on n'aura pas faim ou de manger très peu si on a peu faim. Les effets seront très bientôt visibles sur votre corps.

Au début, peut-être aurez-vous quelques faiblesses? Ce n'est pas parce que l'on fait une chute qu'on ne peut pas se relever! C'est comme un enfant qui apprend à monter à vélo. Au début, il tombe mais il se relève et il recommence. Les chutes sont nécessaires pour apprendre à retrouver son équilibre et à reprendre confiance en soi pour aller plus loin. Si on décide qu'on ne mange pas de dessert, ou que l'on en mange en moindre quantité, on va économiser des calories. Et l'absence de calories superflues va nous rapprocher de notre objectif. Et on le fera avec plus de maîtrise, plus de confiance en soi, plus de force tout en ayant le sentiment qu'enfin on se prend en main. Et c'est la clé du succès. Plus on se responsabilise, plus vite on va atteindre son but. C'est notre choix et non celui d'un autre.

Petit à petit...
l'oiseau fait son nid...

Maintenant que nous sommes capables de réfléchir et de prendre des décisions raisonnables, nous aurons sans doute plus de contrôle sur la nourriture et nous saurons y faire face.

Ajoutons-y des ressources intérieures pour en augmenter l'efficacité et l'aisance...

Résumé

Septième consigne :
Installer un moment de réflexion avant de manger

Installer une nouvelle stratégie de décision.

Exemple : À chaque fois que j'ai le goût de manger ou que je suis face à un repas :

1. Je vois mon objectif minceur.

2. Je me demande si j'ai faim.

3. Je décide de dire non ou de manger selon ma faim seulement.

4. Je suis content de moi, je me félicite.

5. Je suis en maîtrise et je suis bien.

À répéter dans vos moments libres. Fermez les yeux, et voyez-vous dans différentes situations, équipé de votre nouvelle stratégie. Faites-le souvent pour installer cette stratégie en automatisme prometteur qui vous permettra d'atteindre votre objectif.

Résumé

Chapitre 9

Tout est déjà à l'intérieur de nous,
il s'agit d'y accéder au bon moment.

Ressources intérieures et réussite

Maintenant que vous connaissez quelques techniques de reprogrammation pour faire face à différentes situations que vous voulez changer, j'aimerais vous en faire connaître une autre dans le but d'exploiter vos forces intérieures. Vous en aurez besoin lorsque les tentations ou les moments vulnérables vous inviteront à tout jeter par-dessus bord.

Lorsqu'il s'agit de travail, loisirs, sports ou enfants, je suis persuadée que si vous êtes comme moi : vous vous tirez bien d'affaire. On semble bien s'organiser. On est une personne débrouillarde, on sait prendre des décisions lorsque c'est nécessaire et l'on ne manque pas d'imagination.

Si l'on a un problème avec sa voiture, généralement, on sait qui demander afin de nous dépanner et de nous sortir du pétrin. C'est la même chose au travail : on connaît son métier et l'on ne se pose pas de question. Si un nouveau collègue ne sait trop comment s'y prendre, il nous arrivera même de lui donner de bons conseils. Bref, on a assez confiance en soi et on a suffisamment de ressources pour bien se débrouiller dans la vie.

Mais, face à la nourriture, on devient tellement vulnérable, tellement influençable. On semble perdre ses moyens. Généralement, on ne se laisse pas influencer par les autres. Mais devant l'offre d'un gâteau au chocolat ou autre douceur, on perd ses forces. On faiblit devant la tentation. C'est notre point faible.

Comment se fait-il que, dans certaines circonstances, on soit si fort et que, dans d'autres, si faible? Pourtant, nous avons déjà à l'intérieur de nous des ressources disponibles. Nous avons tout pour arriver à réaliser notre objectif minceur. Pourquoi ne nous en servons-nous pas?

Toutes nos qualités et notre potentiel, qui font de nous un être responsable et capable de se prendre en main, disparaissent si facilement lorsque nous sommes face à un buffet ou à un bon repas. Imaginez ce qui se passerait si nous pouvions nous connecter à ces ressources à l'intérieur de nous et les utiliser quand nous en avons besoin. C'est ce que nous allons faire, car il est possible d'en disposer à volonté au moment stratégique. Elles sont là, on apprendra comment y accéder et s'en servir.

HUITIÈME CONSIGNE :
SE CONNECTER À SES RESSOURCES INTÉRIEURES

Dans ce chapitre, on verra comment disposer de nos ressources pour avoir plus de maîtrise. Ces forces et capacités, qu'on utilise si facilement dans d'autres domaines de notre vie, vont nous servir d'une façon aussi efficace avec la nourriture. Elles sont là, quelque part en nous. Il suffit d'y avoir accès et de les utiliser à volonté. Nous ferons du « sur mesure » pour nous aider dans notre réalité.

Prenons un exemple de moment de vulnérabilité. Après une journée stressante, il arrive souvent que l'on mange plus que l'on ne devrait. Et, parce qu'on est stressé, on mange plus vite sans s'en apercevoir. On se sent mal toute la soirée d'avoir trop mangé. Et en plus la culpabilité s'amène avec son cortège de remords. Un tableau familier, n'est-ce pas?

Si, avant de commencer à manger, on pouvait se connecter à des états de calme et de paix intérieure, même si c'est permis de manger, on mangerait sûrement d'une manière différente. On se donnerait plus de temps. Souvent, nous mangeons dans ces circonstances pour nous détendre et évacuer le stress de la journée. Imaginez que l'état de stress est moins présent, alors nous mangerions différemment, car le but en mangeant n'est plus le même.

Paradoxalement, quand on est stressé, on n'a pas le temps de penser. Et c'est à ce moment-là qu'il est important d'avoir les ressources nécessaires pour réfléchir et prendre des bonnes décisions concernant nos besoins de nourriture. Même si la nourriture est disponible et tentante, avec des ressources pertinentes, nous pourrons éviter de prendre un surplus de calories en étant capable de respecter notre niveau de satiété.

Comment aller chercher ses ressources intérieures? Par le point d'ancrage.

Le point d'ancrage

Lorsqu'on parle de point d'ancrage, on devine qu'il s'agit de quelque chose de bien gravé dans son esprit. Lorsqu'on voit un feu de circulation qui passe au rouge, on a le réflexe d'appuyer sur les freins ou d'arrêter, n'est-ce pas? On fait ce geste d'une façon automatique. Donc, une lumière rouge : on s'arrête. La lumière rouge est un ancrage visuel. C'est-à-dire un automatisme installé à l'intérieur de nous depuis longtemps par un apprentissage dans notre petite enfance pour notre sécurité. Dès que nous voyons un feu rouge, instinctivement, nous réagissons de la bonne manière, telle qu'apprise jadis.

Face à la nourriture, les stimulations sensorielles nous ramenant à des souvenirs du passé, beaux ou pénibles, pourront passer par l'odorat, le goût ou par des gestes. Vous est-il déjà arrivé de sentir l'odeur d'une tarte aux pommes et, en même temps, revoir dans votre tête un souvenir de votre grand-mère vous souriant pour votre sixième anniversaire de naissance? Ou lorsqu'un jour quelqu'un vous a mis la main sur l'épaule pour vous réconforter, vous vous êtes rappelé le geste de votre meilleur ami au secondaire et ça vous a mis dans un état de sécurité intérieure? Ce sont des exemples d'ancrage : un état particulier (bonheur, joie, réconfort) retrouvé par une stimulation sensorielle visuelle, auditive, gustative ou kinesthésique.

Notre cerveau, étant déjà programmé, nous ramène dans des états particuliers sans que nous l'ayons choisi. Si nous pouvions les sélectionner en notre faveur, nous pourrions disposer de ressources « sur mesure » pour atteindre notre objectif minceur. Quoi de mieux que de retrouver des ressources pour maîtriser chacune des situations face à la nourriture?

Comment le faire? Voici la technique :

Pour commencer, on va trouver et identifier une situation problématique comme on l'a fait dans les chapitres précédents.

Prenons un exemple : c'est la fin de la journée de travail, vous arrivez à la maison et vous êtes très fatigué. Vous avez conduit en pleine heure de pointe et le stress ne vous a pas quitté. Souvent, dans ces conditions-là, on entre chez soi et on se défoule en mangeant n'importe quoi pour se calmer. On déborde encore une fois dans la nourriture. On se dit qu'on n'aurait pas dû manger autant. Nous regrettons nos gestes, mais comment faire autrement? Comment agir pour mieux fonctionner?

D'abord, imaginons la même situation, mais en étant différent à l'intérieur de soi, plus calme en entrant à la maison. On agirait probablement très différemment. Si on était plus relax, détendu, on mangerait sûrement beaucoup moins. Et en plus, nous aurions le temps pour réfléchir et penser à notre objectif minceur avant de décider de ce que nous allons faire. (Souvenez-vous de la stratégie de décision qui s'enclenchera à ce moment-là.)

On verrait la situation d'une autre façon. Quand nous sommes détendus, que nous avons plus d'énergie, nous gérons les situations et les problèmes différemment. La perception que nous avons de la problématique n'est pas la même. Il y a plus de chances que nous soyons en maîtrise de la situation.

Donc, après avoir identifié la situation problématique à transformer, il s'agit de choisir les ressources qui nous aideront à réagir autrement et d'avoir une nouvelle réponse face à la nourriture. Dans l'exemple ci-dessus, on peut choisir comme ressources intérieures le calme, le détachement et l'humour. Il nous reste à agir pour aller chercher ces ressources dans l'immense bagage d'expériences positives de notre vie.

Souvent, les gens pensent qu'ils n'en ont pas beaucoup, de ces expériences positives et de ces ressources. Au contraire, toutes les ressources sont à l'intérieur de nous, prêtes à nous aider. Un peu d'astuce pour aller les chercher... C'est ici que la Programmation neurolinguistique a fourni un apport considérable pour aider les gens à mieux fonctionner en développant des méthodes efficaces qui s'appuient sur ce que nous avons conservé de meilleur de nos expériences passées.

Quand les ressources sont identifiées et choisies, nous allons apprendre comment aller les chercher dans notre passé pour qu'elles nous aident maintenant.

Prenons le calme comme exemple. On va chercher dans sa mémoire, récente ou passée, un moment où l'on a vécu le calme. C'est peut-être en vacances au bord de la mer ou pendant un exercice de méditation ou de taï-chi, peu importe. L'important c'est que ce moment choisi vous ramène vraiment dans un état de calme de qualité. Seulement du calme. Rien ne doit venir le gâcher. Si vous avez d'autres expériences, déplaisantes, rattachées à votre souvenir, trouvez un autre souvenir de calme intérieur intense. Puis, il s'agit de revivre ce moment tant apprécié. On retourne pendant quelques instants ou quelques minutes, par la pensée, à ce merveilleux moment de calme intérieur. On se remémore ce souvenir. On doit le vivre avec intensité. On revoit le contexte : y avait-il le silence ou le bruit des vagues de la mer, de la chaleur, des gens autour de vous ou étiez-vous seul? C'est un peu comme si on voyageait dans le temps. Comme si on y était, réellement. Alors, à ce moment, vous revivez à l'intérieur de vous ce calme qui vous envahit et qui parcourt tout votre corps. Au fur et à mesure que vous faites cette expérience, vous allez choisir un petit geste particulier, qui, associé à votre état de calme, l'ancrera. Comme le souvenir de la main de votre ami sur votre épaule vous ramène un sentiment de sécurité, ce petit geste, quand vous le referez, vous ramènera l'état de calme intérieur.

Alors, pendant que vous êtes dans votre souvenir de calme, commencez à serrer ensemble votre pouce et votre index, peu importe la main. Cette sensation de serrer les doigts sera associée à votre état de calme intérieur. Le geste de serrer les doigts et l'état de calme seront reliés. Désormais, l'état de calme sera accessible lorsque vous en aurez besoin en faisant le geste de serrer votre pouce et votre index ensemble de la même main que la première fois.

Je vous recommande de répéter cet exercice trois fois de suite pour vous assurer qu'il est bien ancré. Par la suite, vérifiez si votre expérience de calme est bien ancrée en resserrant à nouveau le pouce et l'index (de la même main que tout à l'heure). Vous devriez ressentir un état de calme intérieur ou le même état que la première fois. Alors, bravo, vous avez réussi. Sinon, recommencez les étapes (décrites à la fin du chapitre). Il s'agit de se familiariser avec cette technique simple et efficace. Elle réussit même avec des gens qui n'y croient pas. Parce que, dans la vie, tout est ancrage. C'est pratiquement un phénomène naturel. On s'ancre soi-même. Les autres nous ancrent sans le savoir.

Voici un petit exemple d'ancrage auditif qui s'est installé sans que l'on s'en aperçoive. Que se passe-t-il en vous quand vous entendez la musique sur laquelle vous avez dansé votre premier slow? Souvenir agréable? Sensation de bonheur? Cet air est un ancrage auditif... et vous ramène instantanément dans un état bien particulier. Comme si on voyageait dans le passé. Tout à coup, nous avons 16 ans...

Je vous conseille, pour cet exercice, de vous retirer dans un endroit où vous pourrez vous concentrer et avoir le temps et l'intimité nécessaires.

Transfert de ressources dans un contexte de nourriture

Maintenant, il faut savoir comment appliquer cette ressource au moment nécessaire. Revenons à notre situation de stress. Toujours en pensée, imaginez que vous revenez chez vous et, pendant que vous vous voyez sur le trajet du retour à la maison, vous serrez le pouce et l'index comme tout à l'heure. Puis, vous laissez dérouler le film dans votre tête pour voir ce qui va se passer. Probablement que le scénario va changer. Alors, si tel est le cas, c'est que votre ancrage a été efficace et que votre cerveau a maintenant plus d'options pour réagir positivement dans cette situation. Enfin, vous avez plus de maîtrise dans une situation de stress. La nouvelle expérience de retour à la maison est-elle plus satisfaisante? Pas complètement? Alors, il est possible de rajouter d'autres ressources que vous trouverez nécessaires pour que ça aille mieux. Revenez à l'étape de l'ancrage et allez chercher d'autres souvenirs ressourçants (humour, détachement, paix intérieure). Vous pouvez empiler vos ressources toujours sur le même petit geste. Vous aurez, alors, un cocktail du tonnerre pour vous aider à transformer cette situation déplaisante qui vous amène à avaler n'importe quoi. Et refaites une vérification dans votre tête.

Il est conseillé d'utiliser l'ancrage que vous avez installé le plus souvent possible. Un ancrage qui ne sert pas est un ancrage qui s'use. Plus vous vous en servirez, plus votre cerveau voudra l'utiliser. Ainsi, ça deviendra de plus en plus fort et efficace. Vous pouvez vous en servir partout, n'importe quand, au bureau, en voyage, avec les enfants, et, surtout, quand vient le temps de manger. Discrètement, on sert le pouce et l'index de la même main que vous avez choisie, et les ressources ancrées viendront vous supporter pour traverser des moments où vous êtes vulnérable.

Prenons une autre situation comme exemple. Je commence à manger et c'est difficile pour moi de respecter mon niveau de satiété. J'ai le goût de tout manger ce qu'il y a dans mon assiette. Je sens que je ne m'arrêterai pas tant que je n'aurai pas vidé mon assiette. Alors, pour faire face à une telle situation, je peux ancrer comme ressource le souvenir d'un moment où j'étais bien déterminé, où j'ai dit non de manière ferme et décidée. Ce souvenir, en le connectant à la nourriture, m'aidera sûrement à respecter mon niveau de satiété. On peut aller chercher aussi une ressource de sérénité, d'harmonie, et un état de plein pouvoir sur la situation. Pourquoi pas?

En associant toutes ces ressources au geste que je choisis comme tout à l'heure (ou vous pouvez aussi serrer le poing), je repense à mon début de repas. Mais cette fois-ci, avec mon ancrage, je laisse dérouler le film et, avec toute ma curiosité, j'observe la transformation dans ma tête. Si mon cerveau a changé le scénario, c'est qu'il a accepté les nouvelles options disponibles. Et il s'en servira dans la situation réelle. Cette technique que j'utilise fréquemment en consultation donne de très bons résultats, particulièrement pour les gens plutôt kinesthésiques que visuels.

Yves, assez gourmand, a neuf kilos à perdre. Il bouffe très souvent des pizzas et de la crème glacée. S'il était plus calme, il pourrait faire des choix de nourriture plus judicieux et manger moins. Alors, nous avons fait des ancrages de calme, d'humour, de satisfaction et de joie. Il s'est aperçu que, dans sa tête, ça se passait autrement. Il a donc utilisé ses ancrages dans les jours suivants et il a réussi à manger moins et mieux. Très encouragé, il a continué à se servir de son ancrage de plus en plus. Quoi de mieux que le succès pour motiver. Le succès amène le succès.

Pour bien réussir la technique d'ancrage, il est important de trouver un bon souvenir, de le revivre en intensité et de tester si c'est bien fait. Vous le saurez si, en refaisant le même geste choisi, l'état associé au souvenir revient. Retrouver les bons moments de notre vie, c'est toujours agréable. J'ai remarqué qu'en travaillant avec les gens pour retrouver leurs ressources intérieures, je pouvais moi-même me ressourcer constamment. Quel cadeau! Alors, bon succès.

Résumé

Huitième consigne :
Se connecter avec ses ressources intérieures

Technique de transfert de ressources pour mieux réagir face à la nourriture.

- ❑ Déterminer une situation à corriger.
- ❑ Définir les ressources qui nous seront nécessaires.
- ❑ Retrouver un souvenir pour chacune des ressources choisies.
- ❑ Revivre ce souvenir de ressource intensément.
- ❑ Ancrer avec un geste (exemple : serrer le poing ou le pouce et l'index ensemble).
- ❑ Répéter l'expérience au moins trois fois.
- ❑ Se souvenir de la situation à corriger en y ajoutant *au préalable* votre ancrage.
- ❑ Laisser dérouler votre film, en vous voyant, revu et amélioré par des ressources intérieures utiles à ce moment-là.

- Vérifier si c'est satisfaisant pour vous, dans cette situation dorénavant différente.

- Sinon, recommencer ou ajouter d'autres ressources nécessaires.

- Pour terminer en beauté, imaginer une situation dans le futur, où vous revivrez une situation de stress ou une situation de gourmandise au restaurant et vérifier comment cela va se passer. Si c'est désormais différent, c'est que votre cerveau a un nouveau programme vous amenant vers le succès dans les situations choisies.

Chapitre 10

Le mouvement,
c'est la vie!

L'exercice : une assurance minceur

La minceur, comme la santé, est un état dynamique. C'est-à-dire qu'il faut s'en occuper pour la garder, la maintenir. Ce n'est pas en restant assis toute la soirée devant le téléviseur ou l'ordinateur que vous allez retrouver votre taille de jeune homme ou de jeune fille. Plus le corps sera mobilisé, plus vous vous donnerez des chances de réussir. Plus vous irez vers votre poids-santé.

La plupart des gens qui viennent me voir n'ont pas ou ne prennent pas le temps de faire de l'exercice. D'autres, à l'inverse, se sont déjà investis dans un programme d'exercices physiques tellement fastidieux qu'ils ont décroché complètement. Ils ne se sont pas respectés et leur corps a démissionné. Et pour cause! Pensant bien faire, c'est l'effet inverse qui s'est produit.

Ils se sont créé l'obligation de faire quelque chose, parce que la publicité à la télé ou dans les revues bien intentionnées invite les gens à faire de l'exercice. On doit faire ceci ou cela. Il faut faire de la bicyclette, de la course, de la natation ou de l'entraînement physique (*fitness*) à tout prix. Tout cela est excellent. Encore faut-il se respecter. Comment arriver à faire de l'exercice régulièrement si on ne respecte pas ses horaires, sa condition physique, ses goûts et ses impératifs professionnels ou familiaux? Souvent, quand les gens commencent un nouveau programme dans un centre de conditionnement physique, ils sont très motivés au départ, et ensuite, ils trouvent cela difficile. Pourquoi? Parce qu'ils s'engagent dans un processus qui ne leur convient probablement pas. Et en plus, c'est presque imposé. Souvenez-vous, lorsque quelque chose nous est imposé, en tant qu'adulte, ça vient réveiller notre partie rebelle. Particulièrement lorsque la souffrance dans le corps accompagne le programme.

Au début, on est content de faire de l'exercice. Ensuite, on voit ça comme une montagne. On trouve ça douloureux et on commence tranquillement à décrocher. On y va de moins en moins et, enfin, plus du tout. (Ce n'est pas pour votre bien-être que les centres de conditionnement physique vendent des cartes de membre, mais pour leur propre profit, sachant que la plupart des gens vont commencer en lion et décrocher rapidement.) Alors, on est déçu de soi... et on tombe dans la nourriture pour se consoler. Souvent, on recommence. Un cercle vicieux s'installe. On a de bonnes intentions, mais quand il s'agit d'agir...

Par ailleurs, il arrive le même phénomène quand les

gens se font eux-mêmes un programme d'exercices très exigeant. J'ai même rencontré dans ma clientèle des gens qui avaient une salle d'exercice, complètement équipée, à la maison. Et ils me disaient qu'ils ne pouvaient même plus la voir. C'est très compréhensible. Imaginez une salle de torture attenante à votre salon ou votre chambre. Motivant, n'est-ce pas?

Comme cette démarche est différente, axée sur le respect de son corps, l'exercice physique sera envisagé aussi de manière respectueuse. Jusqu'à présent, on a appris à apprivoiser son corps, à se respecter et surtout à lui manifester de l'amour en répondant à ses besoins. En le traitant mieux et en douceur, il réagira en devenant un collaborateur efficace. (Je tiens à faire remarquer que le traiter en douceur ne veut pas dire ne rien faire et ne pas avoir d'objectifs précis pour s'améliorer.)

NEUVIÈME CONSIGNE : COMMENCER À FAIRE DE L'ACTIVITÉ PHYSIQUE

Nous envisagerons l'exercice dans la même perspective de respect et d'apprivoisement. On devra commencer en douceur, pas de violence surtout. L'important, c'est de commencer par quelque chose que l'on aime, que l'on a le goût de faire, juste pour le plaisir. Jardiner? Jouer dehors avec les enfants? Faire une petite marche après le lunch, histoire de prendre de l'air? Promener le chien? Aller acheter notre journal préféré au dépanneur du coin? Il est interdit de faire de l'exercice pour de l'exercice dans les débuts. En choisissant ce qui nous intéresse, ce sera plus facile à intégrer dans son horaire ou dans sa vie familiale et professionnelle. Et, en outre, le corps étant respecté, il sera plus motivé, en forme, plein d'énergie pour continuer. Cela va devenir un gage de réussite vers la minceur. Plus un programme est adapté à notre quotidien, plus il est possible d'y adhérer pour longtemps. Et notre corps brûlera de plus en plus de calories.

Un certain principe dit : où il y a action, il y a réaction. Ainsi, notre corps étant en action, il réagira très différemment et de manière positive.

L'exercice physique est vraiment une composante essentielle dans une démarche minceur pour des raisons bien différentes de ce que l'on entend habituellement (dépense énergétique et augmentation de la capacité cardio-pulmonaire).

Regardons l'exercice dans une autre perspective. Il apporte des changements dans notre vie au point de vue, bien sûr, physique, mais en plus, aux niveaux émotionnel et psychologique.

Au niveau physique, l'exercice fait augmenter notre masse musculaire. Quel en est l'impact? Une masse musculaire plus importante vous fera brûler plus de calories à l'heure, même si vous n'êtes pas en action. Pour bénéficier de ce rabais, il faut cependant faire de l'activité physique à tous les jours. De plus, votre silhouette deviendra plus harmonieuse, plus mince, et votre corps plus ferme. Déjà, en faisant un peu d'activité physique tous les jours, vous verrez vos vêtements devenir trop grands. Intéressant, n'est-ce pas?

Un petit conseil que je donne pour garder le moral : gardez-vous loin du pèse-personne. Il indique votre poids mais ne fait pas la différence entre le poids du gras et le poids de la masse musculaire. Alors, quand vous commencerez à bouger, cachez cet appareil. Plusieurs de mes clients étaient persuadés d'avoir perdu de trois à quatre kilos, car leurs vêtements flottaient sur leur dos et ils étaient très, très contents. Cependant, en se pesant, ils ne constatèrent qu'un ou deux kilos de différence. Pourquoi? Leur masse musculaire avait augmenté et le gras avait beaucoup diminué. Mais, comme la masse musculaire était plus pesante que la masse de gras perdu, la différence n'était pas très évidente sur le pèse-personne. Par ailleurs, la taille de leurs vêtements avait diminué. Une belle victoire un peu assombrie par l'aiguille accusatrice. Ces gens se fiaient plus à un appareil qu'à leurs propres observations des changements sur leur corps. Les changements étaient réels. Visage plus défini, plus d'énergie et silhouette raffermie. **Donc, on oublie le pèse-personne.** Vous pourrez constater vos progrès autrement, en vous observant attentivement.

Au point de vue émotionnel, il y a aussi des changements très intéressants. Faire une activité physique aide à changer l'état d'esprit. Par exemple, la marche est un bon moyen de se libérer du stress. Chaque pas que l'on fait est comme une action qui expulse les tensions accumulées dans le corps. Ça permet même de se défouler quelque peu.

Au point de vue psychologique, tromper le train-train quotidien va aider à changer d'attitude, à changer notre regard sur les choses. On connaît ce dicton : « Un esprit sain dans un corps sain. » Si notre corps bouge, notre état d'esprit va changer pour le mieux. Nous serons plus positif et motivé dans notre démarche minceur. Nous aurons plus d'entrain pour accomplir nos journées et nous dormirons mieux, d'un sommeil vraiment réparateur. J'ai vu dans ma pratique des gens changer dans tous les aspects de leur vie, simplement parce qu'ils avaient incorporé, dans leur quotidien, 20 minutes de marche, pas plus. Mais ils faisaient leur marche dans un moment qui leur convenait particulièrement, et y sont restés fidèles. Ils ont constaté dans leur vie plus de patience, une meilleure concentration au travail, un meilleur sommeil, plus de joie de vivre et le goût de faire des choses différentes.

Je conseille dans cette démarche minceur de commencer à faire de l'activité physique tout en douceur et de débuter par de courtes périodes. Ainsi, vous aurez plus de chance de l'intégrer dans votre quotidien. Les meilleurs programmes d'exercices et de maîtrise de poids sont ceux qui demandent le moins de sacrifices et qui durent le plus longtemps possible.

Donc, au départ, on choisit une activité physique que l'on aime. Prenons la marche comme exemple. C'est une activité facile. On peut la faire n'importe où, n'importe quand, beau temps, mauvais temps. On peut changer de trajet pour varier un peu. On peut la faire seul ou avec d'autres. C'est plutôt facile de caser 20 minutes de marche dans son horaire. Il n'y a pas d'investissement à prévoir avant de commencer, si ce n'est une bonne paires de chaussures de marche. Si on veut, on peut amener les enfants avec soi, en profiter pour échanger sur toutes sortes de sujets.

Une cliente, Marielle, se lève tôt le matin et fait une bonne marche avant le déjeuner. Elle me racontait que c'est un moment idéal pour elle, parce que le matin, tout est calme dans les rues. Elle peut réfléchir à sa journée tout en marchant. Et elle ressent une sérénité précieuse dans son aventure matinale. D'autres m'ont dit que le soir est le meilleur moment, car il prépare bien au sommeil...

Dans le choix de votre activité physique, il est primordial que celui-ci respecte vos goûts et votre rythme. L'important, c'est de commencer à en faire tout en se respectant. Il y a un phénomène intéressant qui se passera à ce moment-là. Votre corps deviendra un collaborateur efficace en vous poussant à bouger. Il sera tellement content d'être respecté dans ses besoins de nourriture et d'exercice sans douleur qu'il voudra en avoir plus. Ça deviendra pour lui un besoin impérieux. Il vous poussera à bouger. Fascinant, non?

Par souci d'efficacité, il est conseillé de faire de l'exercice pendant au moins 15 à 20 minutes consécutives, afin de maximiser la perte de gras. Pourquoi? Parce que notre corps a besoin de ce temps pour brûler le gras stocké. Après 12 minutes d'exercice, il commence à mobiliser le gras en réserve pour le métaboliser et le transformer en énergie. Donc, perte de gras indésirable. En faisant au moins 15 à 20 minutes continues, vous accélérez votre perte de gras et vous augmentez votre masse musculaire, ce qui vous permettra de brûler plus de calories à l'heure. Génial!

Saviez-vous que votre corps prend au moins sept heures de travail sur votre métabolisme pour récupérer d'une session d'activité physique moyenne. Donc, il brûle encore plus de calories. Une raison de plus de faire de l'exercice.

Installer un rituel d'exercices

Comment en faire un principe de vie? C'est important de choisir une activité qui vous sera accessible. Si j'aime nager mais que la piscine est loin de chez moi, je risque de décrocher. Alors, il faut penser à quelque chose de facile. Et en avoir le goût pour se créer un nouveau rituel. De plus, il est préférable qu'il soit facile à intégrer au quotidien.

Je demande à mes clients de faire une étude sur leur horaire et de trouver une période où ils ont de la place pour faire de la marche, par exemple. Prenez le temps d'étudier votre emploi du temps. C'est important de dresser le bilan de son temps disponible. Je suis persuadée que vous réaliserez que vous avez beaucoup de temps perdu qui pourrait être récupéré pour une petite activité physique.

Vous considérez-vous assez important pour vous accorder du temps consacré à votre bien-être? Quant à moi, je me pose souvent cette question : est-ce que quelqu'un pourra le faire pour moi, si je ne le fais pas moi-même? Non, alors...

Il est possible d'avoir besoin d'une petite récompense après avoir fait de l'exercice. C'est même une stratégie de motivation. Pour ma part, quand je reviens de ma balade, en soirée, c'est l'heure des nouvelles à la télé. Alors, je prends une tisane en regardant la télé. Si je vais marcher tôt le matin, je m'organise pour avoir un bon café en rentrant à la maison. Ou encore, je me choisis des trajets de marche où je verrai des choses intéressantes. C'est important pour moi. Et ça m'a permis d'être fidèle à ma marche quotidienne depuis maintenant 20 ans.

Autre point important à considérer. Il s'agit de bien s'organiser pour notre exercice. Et le faire en qualité. C'est-à-dire, avoir de bonnes chaussures, un habillement adéquat pour être confortable. Sinon, votre activité ne sera pas agréable et vous risquez de décrocher. Évitez de porter des vieux vêtements, tristes et misérables. Évitez la monotonie. Si c'est pour une marche, variez vos parcours, alternez le temps de marche : une journée 20 minutes, l'autre journée 15 minutes pour un autre parcours. Cette organisation vous aidera à transformer votre état d'esprit.

Plus vous serez en action, plus votre corps brûlera des calories et plus cela aura un impact positif sur votre appétit. L'exercice de moyenne intensité aide à stabiliser la faim. Moins de rage de sucre ou de goût de s'empiffrer. Moins de calories superflues ingérées. Ainsi... en route vers votre objectif.

Il y a en plus un calme intérieur qui s'installera, vous aidera à avoir plus de maîtrise en face de la nourriture. N'est-ce pas merveilleux? Un de mes clients disait : « Plus je fais de l'exercice, moins mes problèmes sont gros. » Tout cela, je l'ai expérimenté moi-même. Même si je déroge dans ma façon de me nourrir, ma marche quotidienne me reconnecte à mon corps et me ramène vers la maîtrise face à la nourriture.

Quand on se sent fatigué, on va souvent prendre du café avec sucre et crème en pensant que ça va nous redonner de l'énergie. Ce n'est qu'une impression. C'est le contraire qui se passe. Alors, pourquoi ne pas prendre un verre d'eau et aller faire une promenade. Le corps sera énergisé et ne s'en portera que mieux, votre état d'esprit aussi.

En terminant ce chapitre, je veux vous parler d'une de mes clientes, Anne-Marie. Elle a trois enfants en bas âge. Elle a un emploi. Et, comme toute bonne mère de famille, elle se demandait quand elle pourrait faire de l'exercice. Elle est très occupée, toujours pressée. Au début, après avoir corrigé ses moments de vulnérabilité et avoir fait son bilan, elle a réalisé qu'elle ne prenait pas tellement de temps pour elle. Alors, elle décida de faire de la marche. Elle mettait un vieux manteau et partait en vitesse. Rien d'intéressant dans son exercice. D'ailleurs, on en a parlé en consultation. Je lui ai conseillé ce que vous venez de lire. Ainsi, elle changea sa façon de faire. Désormais, elle allait faire un effort pour que cette promenade devienne intéressante. Elle se donna du temps le soir, une fois les enfants couchés pour la nuit. Elle s'acheta de bons souliers de marche afin d'éviter des courbatures inutiles. Elle s'habilla convenablement et, finalement, elle trouva cela fort intéressant. Elle avait enfin du temps pour elle. Elle s'aperçut aussi qu'elle avait plus le goût de faire de choses qui l'intéressaient vraiment au lieu de se clouer devant le téléviseur à chaque soir. Elle devint de plus en plus en forme et pleine d'énergie.

Elle m'a avoué qu'elle avait besoin maintenant de faire sa marche régulièrement parce que son corps le lui commandait.

C'est la clé du succès. Ce n'est plus notre tête qui dirige, mais notre corps, et il sait ce qu'il a à faire. Il y va par besoin, par goût et par plaisir.

Vous désirez être bien dans votre peau? Atteindre votre objectif poids-santé ?

Voici un moyen de plus, toujours dans le respect de soi. Quand commencez-vous?

Résumé

Neuvième consigne :
Commencer à faire de l'activité physique

L'exercice physique favorise un bien-être physique, émotionnel et psychique.

- ❏ Choisir un programme d'exercices qui nous respecte (nos goûts, nos horaires, notre santé).
- ❏ Se récompenser.
- ❏ S'organiser pour le faire d'une manière plaisante et régulière afin que cela s'intègre facilement dans notre quotidien.
- ❏ Vaut mieux en faire un peu à tous les jours que faire un gros effort de temps à autre.

Chapitre 11

Paradoxe : plus on s'accepte comme tel,
plus le changement arrivera.

Le commencement de la fin... du surplus de poids

Avez-vous remarqué que la plupart des gens qui ont un fort surplus de poids sont des gens qui pensent beaucoup aux autres? Ce sont souvent des gens qui se donnent sans compter, mais qui ne pensent pas tellement à eux. Leurs propres besoins passent souvent en dernier. Ils ont de grands talents pour bien accomplir leur travail, pour se dépasser au détriment de leur fatigue et de ce qu'ils ressentent émotionnellement. S'oubliant face aux autres, ils gardent à l'intérieur d'eux du désappointement, du ressentiment, des choses qui devraient être exprimées. Au lieu de passer par des gestes d'affirmation de soi, ils ravalent, accomplissent ce qu'ils doivent faire sans dire un mot. Résultats : fatigue extrême, burn-out, maladie ou compensation par la nourriture. Ces gens adorent rendre service. Est-ce pour se faire accepter malgré le surplus de poids? Ou, inversement, en pensant aux autres d'abord, il ne leur reste pas grand-chose sauf la nourriture, cette compagne toujours disponible, consentante et facile d'accès.

La nourriture représente pour eux un regain d'énergie, une récompense, une douceur et leur offre une certaine satisfaction. Quand on a travaillé fort pour les autres, quoi de mieux qu'une bonne crème glacée ou un bon spaghetti gratiné pour se donner du plaisir? Est-ce un tableau qui vous interpelle? D'une certaine façon, ne sommes-nous pas un peu comme ça? Passer sa vie en disant « oui » aux autres et en se disant « non »?

Je me souviens d'une époque de ma vie où des occasions de frustration me dirigeaient immanquablement vers la nourriture. Je ressentais de la colère? Je mangeais au lieu d'exprimer mon désaccord. Une situation me mettait dans de beaux draps? Je mangeais au lieu d'aller négocier un arrangement. Et puis, je supportais les désagréments sans dire un mot. Ce n'est pas étonnant que la nourriture ait été ma planche de salut! Elle ne me désapprouvait pas, au contraire. Quelle consolatrice! Au lieu d'apprendre à communiquer et à m'affirmer, je mangeais. Et j'endurais des situations ennuyeuses ou pénibles.

Vivre pour manger ou manger pour vivre? Est-ce votre situation à vous aussi? Il est important de jeter un regard sur vos comportements pour découvrir ce qui vous fait manger. Quelle est votre attitude dans la vie face aux autres ou à vous-même?

Vous avez probablement constaté que faire des régimes pour maigrir, pour contrôler ce qu'il y a dans votre assiette, ne vous mène pas au succès à long terme. Il y a autre chose à faire, c'est évident. Atteindre un poids-santé et le maintenir passe inévitablement par une démarche intérieure. Savoir qui nous sommes. Comment agissons-nous? Comment réagissons-nous? Qu'est-ce que nous pensons de nous? Je ne traiterai pas ce sujet plus longuement, car beaucoup de livres, excellents par ailleurs, pourront vous aider sur ces thèmes précis. Cependant, il y a certaines prises de conscience importantes à faire pour réussir une démarche minceur.

Au début, admettre qu'il y a des choses à changer nous permet déjà de modifier notre perception de nous-même. C'est une étape majeure et essentielle pour la suite. C'est le début de la fin... de la faim. N'est-ce pas agréable?

Ensuite, il faut s'accepter tel que nous sommes. Pas évident! Comment s'accepter si on ne s'aime pas? Au moins, commencer à se dire quelques mots de réconfort et considérer qu'il y a pire! Et ensuite, passer à l'action. Voyons cela de plus près.

DIXIÈME CONSIGNE : **TENDRESSE ET COMPASSION ENVERS SOI-MÊME**

PREMIÈRE ÉTAPE

Admettre son problème

Au départ, il faut admettre qu'on a un réel problème. Il faut être honnête avec soi-même, arrêter de tergiverser. Si l'on prétend être très bien comme on est, on ne fera rien. Si c'est votre choix, restez tel que vous êtes et acceptez-vous tel quel. Sinon, si vous ne vous acceptez pas, et si vous ne voulez pas changer, il y aura ambivalence. Ce n'est pas facile de vivre avec des insatisfactions et des désirs d'être différent. Admettre qu'il y a quelque chose qui ne va pas est déjà un pas majeur vers le changement et la réussite de votre objectif.

D'ailleurs, les plus grandes réussites que j'ai vues dans mon bureau étaient celles où le client admettait son problème et se prenait en main à partir de là. Chacun se responsabilisait avec beaucoup de conviction. Et le fait de venir chercher de l'aide démontrait déjà un certain engagement. Tant qu'on n'est pas certain de ce que l'on veut vraiment, le succès d'une démarche sera mitigé.

D'autre part, j'ai vu des personnes qui savent qu'elles ont un surplus de poids, mais trouvent toutes sortes d'excuses pour justifier les circonstances où elles mangent avec débordement. Les changements attendus n'arrivent pas, non plus. Le fait de se justifier ainsi ne les responsabilise pas. Ce n'est jamais de leur faute. Le travail au bureau est très exigeant, le patron n'est jamais satisfait, les clients en veulent toujours plus. Il y a toujours un trafic épouvantable pour revenir à la maison. La vie est exigeante et stressante. Bref, c'est toujours la faute des autres. Tant que j'entends un discours de la sorte, je demande à ces gens ce qu'ils sont prêts à faire pour réussir, eux.

Je vous donne l'exemple d'une dame, Brigitte, que j'ai rencontrée à mon bureau. Lors des premières entrevues, elle semblait une personne qui voulait vraiment se prendre en main. Elle pouvait m'expliquer de façon très structurée ce qui se passait en elle. Ce qu'elle pouvait faire et ce qu'elle voulait faire. Elle avait un surplus de poids de 25 kilos (55 livres). D'après ses dires, elle faisait les choses de manière parfaite. Elle faisait tout ce qu'il fallait pour que tout aille bien dans sa vie. Tout feu, tout flamme, elle voulait se prendre en main. Mais, plus on avançait dans la démarche, plus ça devenait difficile. Elle avait toujours une bonne raison ou une excuse pour ne pas maigrir : c'était le patron ou le trafic; ou sa maison qui était à vendre; ou, à la cafétéria, les mets étaient immangeables; ou les enfants causaient des problèmes à l'école; ou son ex-mari, cet homme irresponsable, lui causait des ennuis... Une litanie... À chaque entrevue, elle accusait les autres de ses malheurs. C'était à cause d'eux qu'elle mangeait outre mesure. Mais elle, elle était parfaite! Triste histoire à raconter. Tant que Brigitte ne s'est pas regardée autrement, la perte de poids n'était que vœu pieux. C'est vrai qu'il peut y avoir des circonstances dans la vie où tout est plus difficile. Cependant, nous y sommes aussi pour quelque chose.

Quand on entreprend une démarche et que l'on ne veut pas prendre ses responsabilités, il n'y a pas beaucoup de chances de succès.

Autre exemple. Certaines de mes clientes vont affirmer très sincèrement qu'elles ne mangent pas beaucoup. Elles picorent comme un oiseau. Étrangement, après avoir fait consciencieusement un constat alimentaire pendant deux à trois semaines, elles ont réalisé qu'elles grignotaient continuellement : un petit yogourt à 10 heures, une poignée d'amandes à 15 heures, un bol de céréales avant de se coucher parce que ça facilite le sommeil en plus des allers et retours salon-cuisine en écoutant la télé pour manger seulement un demi-biscuit ou trois fraises. Que de nourriture inutile!

Voilà, s'accepter, c'est se rendre compte des surplus de calories, des mauvaises habitudes qui nous font manger inutilement et commencer à partir de là pour faire des changements. C'est aussi décider de se donner des outils pour changer au lieu de continuellement se plaindre que rien ne marche.

S'accepter

Pour plusieurs personnes, penser à s'accepter les effraie. Ils croient que s'accepter va faire en sorte qu'ils resteront ainsi avec leur surplus de poids pour toujours!

À la vérité, s'accepter tel que nous sommes ne veut pas dire se résigner à son sort. Au contraire, s'accepter est un pas majeur dans une démarche de changement. C'est plutôt accepter que, pendant des années, on a eu un problème. On a pris trop de calories et on est arrivé à ce résultat. En acceptant le corps que l'on a, on va diminuer le stress qu'on lui impose (notre pauvre corps que l'on dénigre). Il n'aura plus besoin de réagir en rebelle. Notre attitude différente, par à rapport à lui, va aider et supporter positivement les changements qu'il y a à faire. Quand nous acceptons un fait, notre attitude change déjà. Je n'ai peut-être pas l'image ou le corps que je voudrais, mais je peux faire quelque chose pour l'améliorer.

Et s'accepter permet de lever cette pression négative qui nous fait réagir dans le sens contraire de nos intentions. C'est bien important parce que nous sommes en action vers notre objectif au lieu d'être en réaction.

C'est aussi un point de départ dans l'amour de soi. C'est un petit pas mais combien important. Quand on accepte un enfant tel qu'il est, au lieu de continuellement le réprimander, il sera plus facile de l'aider à progresser. Si, au contraire, on le fustige, il va devenir rebelle. Comme notre corps, en l'acceptant et le respectant, il va devenir pour nous un collaborateur efficace.

Les personnes qui ont un surplus de poids, en général, ne s'aiment pas. Elles se détestent. Elles se critiquent. Et ce qui est aberrant, c'est que ces personnes ne voient pas les qualités qu'elles ont. Toute leur personnalité est associée au surplus de poids. En fait, le surplus de poids n'est qu'une particularité en soi. Comme c'est facile de ne penser qu'à ce qu'il y a de laid à l'intérieur de soi au lieu de penser à ce que nous avons de beau. On pense se motiver en se critiquant, mais ça ne mène pas à grand-chose. Plus on se critique de trop manger, plus le corps aura envie de tricher, d'aller vers la nourriture dite « défendue ».

Voici l'histoire de Ginette, une belle femme. Ginette avait eu beaucoup de problèmes de santé par suite d'un grave accident de la route. Après être passée à travers plusieurs interventions chirurgicales pour son dos et une longue convalescence, c'est avec beaucoup de courage qu'elle reprit sa vie en main. Ayant sa propre entreprise et un fils à élever, elle récupéra et se refit une santé. Un nuage à l'horizon, elle avait un surplus de poids. Bien qu'elle ait essayé de multiples régimes, elle était revenue à la case départ.

Lors d'un atelier de groupe « Maigrir sans obsession », elle a réalisé qu'il y avait un autre chemin que celui de la souffrance et des diètes pour maigrir. Elle comprit tellement bien la démarche qu'elle convainquit sa meilleure amie, qui perdit sept kilos. Mais pour Ginette, rien!

Lors d'une étape du cours, j'en étais à parler de l'amour de soi. Une manifestation d'amour envers son corps est de s'habiller avec goût au lieu de se cacher derrière des vêtements tristes et laids. Je tiens à le mentionner parce que les personnes ayant un surplus de poids et qui se déprécient sont souvent portées à négliger la partie vestimentaire. Elles ne s'aiment pas et le manifestent en s'effaçant par leurs vêtements. S'habiller à son goût, peu importe son poids, c'est déjà s'accorder un petit peu plus d'importance. Bien sûr, arriver à s'estimer est une démarche intérieure importante qui peut aussi s'associer à des petits gestes extérieurs. Ce thème eut une grande influence sur Ginette.

À la fin de la série de cours, à la dernière soirée, Ginette arriva toute transformée. Elle portait une belle robe dont la couleur rehaussait son teint frais. Elle était bien maquillée et elle avait complété le tout avec des accessoires qui lui convenaient très bien. Le groupe au complet était estomaqué par une telle apparition, une telle transformation. Pourtant, c'était la même Ginette. Ce soir-là, on oubliait son poids pour admirer une femme fière d'elle, resplendissante. Ginette avait compris que le simple fait de s'aimer dégageait quelque chose de différent. Pourtant, elle n'avait pas eu besoin de dépenser des milliers de dollars. Seulement se vouer plus de respect et faire attention à elle. Son seul achat fut un petit foulard à sept dollars pour compléter ses accessoires.

Il est bon de noter qu'il faut vivre au présent. Souvent les gens qui ont un surplus de poids vivent dans le futur. J'entends ces phrases : « Quand je serai mince, j'irai nager à la piscine pour être en forme, j'irai danser avec mes amis. Quand je serai mince, je m'habillerai élégamment. » Qu'est-ce qui vous empêche de le faire maintenant? Vous avez honte de votre corps? Mais, si je réserve toute initiative pour ce jour où j'aurai réussi à maigrir, qu'est-ce que je ferai en attendant? C'est le plus sûr moyen de ne jamais maigrir. Il est important d'être bien au présent en sachant que nous faisons quelque chose pour améliorer notre futur. Ainsi, au lieu de penser aux problèmes, il est plus efficace de penser aux solutions.

TROISIÈME ÉTAPE

Se réconcilier avec son corps

Si, à chaque matin, en m'habillant, je me dis des bêtises comme « Ouach! tu es énorme ce matin, t'es comme un gros Jello! », il y a de fortes chances que mon corps capte le message. En rejetant ainsi notre corps, ne soyons pas surpris s'il ne veut pas collaborer par la suite. Il ne nous respectera pas, ne nous suivra pas et ne travaillera pas avec nous. Traiteriez-vous comme ça un collègue au bureau? Pourtant, votre corps est votre collaborateur inconditionnel et vous lui faites endurer une réelle violence psychologique.

Les cellules de notre corps ont une mémoire holographique. Ce que vous vous dites, elles l'enregistrent et le reproduisent en trois dimensions. Elles sont aussi en attente des commandes qui viennent de notre cerveau. Alors, elles vont réagir selon nos types de pensées. Elles sont comme des petits soldats qui attendent les commandements. Si je me dis « Ah! j'ai un gros ventre ce matin », les cellules de notre abdomen vont s'organiser pour répondre à ce message. D'où l'importance de surveiller ce que l'on se dit, de quelle manière on se parle. Les cellules vont répondre selon le programme qu'on leur donne.

Saviez-vous que notre subconscient ou notre inconscient s'arrange toujours pour que nous ne soyons pas menteur ou menteuse? Tout ce que l'on se dit est enregistré et manifesté dans la réalité; même les moins belles choses! Alors, attention! Se parler de façon affirmative et positive nous aidera à nous diriger vers le succès. Se dire des bêtises ne motive aucunement ; c'est souvent l'effet inverse qui se produit.

QUATRIÈME ÉTAPE

Agir

Bien des gens voudraient maigrir, mais sans rien changer. J'ai des clients qui me disent vouloir perdre du poids mais vouloir continuer à manger autant et de la même manière. « Je suis un gourmand », me disent-ils. En continuant de faire exactement la même chose avec la nourriture sans changer leur attitude et leurs comportements, ils arriveront exactement aux mêmes résultats!

Vouloir perdre du poids, c'est aussi s'attendre à changer par rapport à la nourriture. Oui, on peut continuer à manger, d'une autre manière, plus en qualité, moins en quantité. Apprendre à différencier ses besoins au lieu de passer systématiquement par la nourriture.

Si vous voulez voir des tulipes fleurir votre parterre au printemps, il faudrait d'abord planter des bulbes à l'automne, n'est-ce pas?

Ne faites pas comme Brigitte, ne mettez pas la faute sur les autres. Commencez à faire quelque chose pour vous.

Vous avez maintenant l'embarras du choix pour commencer une action qui vous intéresse particulièrement. Cette action vous amènera vers de belles découvertes de vous-même. Le chemin proposé est plus facile que tout ce que vous avez déjà essayé jusqu'à maintenant. J'en suis persuadée. Ayez la curiosité et l'audace d'expérimenter au moins une consigne suggérée! Et vous verrez, vous sentirez déjà une différence!

Bonne expérimentation!

Résumé

Dixième consigne :
Tendresse et compassion envers soi-même

Les quatre étapes vers le succès.

- ❑ Admettre son problème.
- ❑ S'accepter.
- ❑ Se réconcilier avec son corps.
- ❑ Agir.

Programme en dix points

1. Se donner la permission de manger.

2. Expérimenter la faim (sans s'affamer outre mesure).

3. Respecter son niveau de satiété.

4. Faire un constat alimentaire.

5. Faire des petits changements dans ses habitudes de vie.

6. Se faire de nouveaux scénarios et installer de nouvelles réponses face à la nourriture.

7. Installer un moment de réflexion entre l'impulsion et l'action de manger.

8. Se connecter à ses ressources intérieures. (Exemple : calme, humour, détachement...)

9. Commencer à faire de l'activité physique. Installer un nouveau rituel d'exercices.

10. S'apprécier avec tendresse et compassion. S'aimer en action.

Ces consignes sont cumulatives. Se donner une semaine ou plus pour intégrer chacune d'elles. Ainsi, au bout de deux à trois mois, vous aurez appris une nouvelle manière de penser et aurez intégré une nouvelle attitude face à la nourriture et à vous-même.

Souvenez-vous :

Patience et longueur de temps
valent mieux que force et rage.

Autres conseils utiles

1. La loi du 80-20 % . En s'inspirant de la loi de Pareto (célèbre économiste italien du début du XXe siècle), si vous respectez ces consignes pendant 80 % du temps, même si vous vous égarez les autres 20 %, il y aura assez de travail d'accompli pour que vous puissiez voir des résultats satisfaisants. Par ailleurs, concernant la nourriture, si vous fonctionnez bien dans 80 % du temps, ce ne sont pas les 20 % d'écart qui vous éloigneront de votre objectif. Vous serez quand même sur la bonne voie. Au contraire, un petit écart enverra le message à votre corps que vous êtes toujours avec lui et qu'il a toujours la permission de manger. Ce n'est pas nécessaire d'être parfait à 100 %.

2. Ayez toujours... toujours en tête que la nourriture est permise en tout temps... et pour le reste de votre vie.

3. Il est important pour votre corps que la nourriture soit disponible et permise : la vue d'un garde-manger bien garni le rassure.

4. Ayez de la nourriture intéressante (goûteuse) dans votre garde-manger et dans votre frigo. Si, en regardant dans celui-ci, il n'y a que de la nourriture fade et faisant « régime » telle que du fromage cottage à 0,01 % de

gras ou de la laitue iceberg anémique, votre corps voudra aller retrouver de la nourriture consolante. En ayant des aliments qui goûtent vraiment, votre corps sera contenté et satisfait. Saumon fumé, viande froide épicée, fromage cheddar fort, sardines ou anchois, fruits mûrs (à point), légumes croquants... Il n'y a rien de plus frustrant que de manger des aliments qui ne goûtent pas et ne comblent pas l'estomac. Les crèmes glacées allégées, les desserts et les yogourts légers annoncent moins de calories, moins de gras. Cependant, pour compenser le gras, les producteurs de tels aliments les ont bourrés d'aspartame. L'effet pervers de ces aliments est qu'ils encouragent le goût du sucre, ne nourrissent pas et laissent dans l'estomac l'impression de ne pas avoir comblé le vide. Tenez-vous loin de ces produits falsifiés.

5. Servez-vous des portions normales. Il n'est pas question dans les débuts de se restreindre, car votre corps ressentira de la privation et cela le ramènera dans la rébellion. Il aura envie de manger trois fois plus. Une belle assiette bien garnie devant lui confirmera que la nourriture est disponible et permise. Ça le calmera. Généralement, par expérience, le corps se contente vite sans tout manger ce qu'il y a dans l'assiette. Il sera toujours temps de changer la taille de vos portions lorsque vous apprendrez à respecter systématiquement votre niveau de satiété.

6. Partez à la découverte de vos propres réactions face à la nourriture :

- Remarquez le type de nourriture qui vous satisfait le plus et le plus longtemps tout en respectant votre niveau de satiété.
- Remarquez la quantité de nourriture et l'heure à laquelle vous mangez qui vous maintient dans votre taux d'énergie maximal.
- Aidez-vous en travaillant avec le *Carnet de bord* (inclus dans ce livre). Pour moi, par exemple, déjeuner avec un fruit et un muffin me garde en énergie pendant quatre à cinq heures. Alors que, pour d'autres, manger des œufs et du fromage aura le même effet. J'ai déjà expérimenté l'assiette œuf-jambon-fromage le matin, et j'avais envie de manger encore et encore, sans avoir beaucoup d'énergie au travail. Chacun a sa formule gagnante pour se garder alerte et énergique.

7. Aidez-vous, lorsque vous mangez, de votre posture et de votre gestuelle. Modifiez votre maintien à table ou la manière dont vous portez la nourriture à votre bouche. Et remarquez les changements qui se passent.

8. À la fin des repas, laissez de la nourriture dans votre assiette. C'est une bonne manière d'apprendre le détachement envers les aliments. Si vous remarquez que, spontanément, vous y arrivez, c'est un signe très positif de succès.

9. En entreprenant cette démarche, soyez discret sur ce que vous faites. Expérimentez d'abord et vous parlerez de vos succès à vos amis ensuite. C'est le conseil

que je donne aux débutants. Malheureusement, il y a toujours dans notre entourage certaines personnes prêtes à mettre des doutes dans notre esprit. « T'es sûr que ça va marcher, cette affaire-là? » nous demandent-ils innocemment! On ne peut les blâmer, c'est tellement différent de tout ce qu'ils ont entendu auparavant. Peut-être n'ont-ils pas le courage, comme vous, de changer!

10. Attention à la consommation de vin, de bière ou de spiritueux. Pris régulièrement, ils peuvent ralentir les mécanismes qui brûlent les gras et les sucres dans votre organisme. Vos pas vers le succès en seront ralentis. Vous pouvez utiliser les techniques de reprogrammation, mentionnées dans les chapitres précédents pour contrôler la consommation d'alcool. Cependant, si vous n'y arrivez pas, il serait peut-être bon d'y regarder de plus près et de consulter un spécialiste en la matière.

11. Faire du renforcement positif à votre corps l'encouragera à continuer à être votre collaborateur assidu. Voici des exemples de phrases : « Sois rassuré, tu auras toute la nourriture dont tu as besoin! », « Je prends soin de toi, je suis avec toi maintenant! », « Pardonne-moi pour toutes les souffrances que je t'ai fait endurer ». Soyez honnête en lui disant tout ceci. Parole et action dans le même sens auront un grand pouvoir pour convaincre votre corps que vous êtes vraiment avec lui.

12. Le plus grand tort que l'on peut se faire, c'est sûrement celui de se couvrir de paroles négatives sur sa propre personne. C'est démoralisant et démotivant! Donnez congé à votre juge intérieur. Des phrases d'encouragement vous mèneront plus sûrement vers la réussite de votre objectif.

13. Pour commencer à faire de l'activité physique, n'en faites pas plus que 20 minutes par jour au début afin de ne pas brusquer votre corps.

14. Faites seulement l'exercice qui vous tente vraiment : lèche-vitrine, promener le chien, aller au bureau en vélo...

15. Faites une marche dans un délai de 30 minutes après les repas. Des experts ont prouvé que ceci a pour avantage d'augmenter de 10 % votre métabolisme basal qui brûlera encore plus l'excès de gras emmagasiné.

16. Après avoir expérimenté la démarche, si vous avez encore de la difficulté avec la nourriture ou que rien ne fonctionne, faites n'importe quoi, mais faites autre chose. Laissez tomber définitivement toute forme de contrôle sur la nourriture. Intéressez-vous à autre chose. Découvrez de nouveaux horizons : retournez étudier, apprenez un nouveau hobby, commencez à faire du bénévolat, ou inscrivez-vous dans un club d'excursions pédestres. L'important, c'est de vous changer les idées **complètement**. Votre corps vous en sera très reconnaissant! (Et suivez le conseil n° 20.)

17. À la fin du programme, expérimentez une rechute. C'est la meilleure façon de savoir si vous avez réellement changé face à la nourriture. Donnez-vous comme consigne de faire un débordement dans la nourriture... Et observez vos réactions...

18. Continuez à vous offrir un rendez-vous avec la nourriture une fois par semaine, même quand la démarche est complétée. Permettez-vous à ce moment-là un mets un peu « décadent »!

19. Apprenez ou appliquez-vous à respirer en profondeur. Un corps bien oxygéné se sentira bien nourri. Il sera moins fatigué et ira moins vers la nourriture pour compenser un manque d'énergie.

20. Exigez la qualité dans votre vie :

- Qualité de votre nourriture.
- Qualité de votre environnement.
- Qualité de votre sommeil.
- Qualité de temps de réflexion.
- Qualité dans vos relations.
- Qualité dans votre travail.
- Qualité dans vos loisirs.

Pensées et citations

Nos pensées ont un pouvoir magnétique d'attraction. Quelle que soit la pensée émise, elle attire l'énergie correspondante.
Claudia Rainville

Un corps fort obéit, un corps faible commande.

Trébucher peut prévenir une chute plus grave.
Proverbe anglais

Une merveilleuse obsession, celle de votre objectif minceur, se réalisera en ayant d'abord de la compassion pour votre corps.

Le hasard ne favorise que les esprits préparés.
Louis Pasteur

Plusieurs petits changements valent mieux qu'un très grand.
Milton Erickson

L'important ce n'est pas la vitesse, c'est la direction.

Pour se donner, il faut s'appartenir.
Arnaud Desjardins

Manger, c'est ingérer des calories. Mais, c'est aussi satisfaire des pulsions et consommer des symboles. Quand on ne peut s'entourer d'amour, on s'entoure d'aliments!
Denise de Castilla

Une personne s'épanouit quand ses objectifs valent la peine d'être atteints, sont accessibles et quand son bien-être est maintenu.

David Gordon

Saute et le filet apparaîtra!

Auteur inconnu

Notre plus grande gloire n'est pas de ne jamais tomber, mais plutôt de nous relever chaque fois que nous tombons.

Confucius

Pour réussir, vous aurez peut-être à sortir du rang et à marcher au son de votre propre tambour.

Keith De Green

Toutes les choses sont prêtes si l'esprit l'est aussi.

Shakespeare

J'entends, j'oublie. Je vois, je me souviens. Je fais, je comprends.

Confucius

Le changement amène la vitalité.

Conclusion

J'ai écrit ce livre pour tous ceux et celles dont la vie se résumait à un mot : RÉGIME!

Se défaire de l'obsession de la nourriture, faire des changements pour arriver à avoir plus de maîtrise face à celle-ci demande courage, réflexion et motivation.

Maintenant que vous avez lu ce livre, j'espère que vous avez le goût et l'audace de commencer à vous prendre en main...

Allez-y doucement... Expérimentez cette nouvelle approche en vous respectant. Aimeriez-vous commencer par une petite marche journalière? Même si les étapes expliquées sont une suite logique pour un succès assuré, rien ne vous empêche de tester une des consignes proposées selon votre intuition du moment. Si vous avez des doutes ou des peurs, même si vous vous posez certaines questions, allez vers l'action qui vous tente le plus. Et vérifiez ce qui se passe. Observez-vous... Vous découvrirez des choses très intéressantes à votre sujet. Vous avez du pouvoir et des capacités beaucoup plus grandes que vous ne le pensez!

J'ai commencé ce livre par mon histoire personnelle

et je le termine en vous disant qu'il m'arrive encore, parfois, d'avoir des débordements alimentaires. Mais, maintenant, ils ne se comparent vraiment pas à ceux d'avant. J'y reste beaucoup moins longtemps, je ne ressens plus de culpabilité et j'ai des stratégies pour m'en sortir très vite.

Ma grande amie, la VIGILANCE, est là pour me protéger.

Grâce à l'exercice physique que je fais régulièrement (je suis une adepte de la marche), je maintiens un poids-santé sans trop d'effort et même avec beaucoup de joie.

La nourriture est maintenant pour moi un plaisir de la vie au même titre qu'un bon film, un bon livre, un concert, les jeux de mes petits-fils ou un travail dans un milieu agréable. Aujourd'hui, je mange ce que je veux, quand je veux, car mon corps me renseigne sur la juste quantité et sur la qualité dont il a besoin.

Si, pour une occasion spéciale, je mange un peu plus, je reviens tout simplement à l'écoute et au respect de mon corps. Finie la culpabilité du lendemain de la veille.

La phrase « Il faut que je maigrisse » est bannie à tout jamais de mon vocabulaire.

Il est évident que cette approche demande un travail personnel et exige un peu de temps de votre part. Par ailleurs, ce qui est intéressant dans ce programme minceur, **c'est que plus on avance, plus ça devient facile**, contrairement aux régimes, où plus on se prive, plus ça devient difficile.

Et... il vous arrivera un bonus extraordinaire grâce à votre travail personnel : votre corps paraîtra de plus en plus jeune. Améliorer sa silhouette dans la joie donne de la légèreté de corps, de cœur et d'esprit!

Croire que l'on est capable de le faire, avoir la ténacité de continuer jour après jour, expérimenter avec curiosité, voilà une recette de succès assuré. Vous pouvez y arriver...

À vous de jouer...

Raymonde Forget

Bibliographie

APFELDORFER, Gérard, *Maigrir, c'est fou!,* Paris, Odile Jacob, 1999.

APFELDORFER, Gérard, *Je mange, donc je suis,* Paris, Éd. Payot, 1991.

BANDLER, Richard, *Un cerveau pour changer,* Paris, Éd. Interéditions, 1990.

BÉLAIR, Francine, *Pour le meilleur... jamais le pire,* Montréal, Chenelière/McGraw-Hill, 1996.

CAMERON, Julia, *Libérez votre créativité,* Paris, Éditions Dangles, 1995.

CAYROL, Alain et DE SAINT-PAUL, Josiane, *Derrière la magie, la programmation neuro-linguistique,* Paris, Éd. Interéditions, 1984.

CHOPRA, Deepak, *Esprit éternel et corps sans âge,* Éd. Stanké, 1996.

CYRULNIK, Boris, *Les nourritures affectives,* Paris, Odile Jacob, 1993.

DESJARDINS, Arnaud, *La voie du cœur,* Paris, Éd. de La Table Ronde, 1987.

DESJARDINS, Arnaud, *Pour une vie réussie,* Paris, Éd. de La Table Ronde, 1985.

GAWAIN, Shakti, *Vivez dans la lumière,* Paris, Le souffle d'Or, 1986.

GOLDBERG, Philip, *L'intuition,* Montréal, Éd. de l'Homme, 1986.

HALEY, Jay, *Un thérapeute hors du commun : Milton H. Erickson,* Paris, Éd. Épi, 1984.

LASSUS, René de, *Oser être soi-même,* Alleur, Marabout, 1992.

O'CONNER, Joseph, et John SEYMOUR, *Introduction à la PNL,* Paris, Éditions Vigot, 1995.

ORBACH, Susie, *Maigrir : la fin de l'obsession,* Montréal, Éd. de l'Homme, 1988.

ROBBINS, Anthony, *Pouvoir illimité,* Paris, Éditions Robert Laffont, 1989.

ROMAN, Sanaya, *Choisir la joie,* Paris, Éd. Ronan Denniel,1988.

WATZLAWICK, P., J. WEAKLAND et R. FISCH, *Changements, paradoxes et psychothérapie,* Paris, Le Seuil, 1975.

YAÏCH, Jean-Louis, *La faim en soi,* Paris, Seuil, 1991.

L'auteure

Animatrice, conférencière et enseignante certifiée en Programmation neurolinguistique, Raymonde Forget est consultante en communication et psychothérapeute en PNL. Depuis 15 ans, elle anime des séminaires de formation et fait de la consultation privée. Détentrice d'un baccalauréat en ergothérapie de l'Université de Montréal, elle a développé cette approche spéciale pour tous ceux et celles qui ne veulent plus vivre des régimes mais veulent s'occuper de leur santé et de leur poids.

Pour commentaires ou demandes d'information pour conférences ou séminaires, vous pouvez rejoindre Mme Forget au :

Téléphone et télécopieur : (514) 990-6914
Courriel : r.forget@videotron.ca

DISTRIBUTEURS EXCLUSIFS

Distributeur pour le Canada et les États-Unis
LES MESSAGERIES ADP
MONTRÉAL (Canada)
Téléphone: (514) 523-1182 ou 1 800 361-4806
Télécopieur: (514) 521-4434

Distributeur pour la Suisse
TRANSAT S.A.
GENÈVE
Téléphone: 022/342 77 40
Télécopieur: 022/343 46 46

Distributeur pour la France et les autres pays européens
HISTOIRE ET DOCUMENTS
CHENNEVIÈRES-SUR-MARNE (France)
Téléphone: (01) 45 76 77 41
Télécopieur: (01) 45 93 34 70

Dépôts légaux
4e trimestre 2000
Bibliothèque nationale du Canada
Bibliothèque nationale du Québec